Culinária de Todas as Cores

200 Receitas
de Bolinhos e Biscoitinhos

Culinária de Todas as Cores

200 Receitas
de Bolinhos e Biscoitinhos

PUBLIFOLHA

Publicado originalmente na Grã-Bretanha, em 2011, sob o título *Hamlyn All Colour Cookbook 200 Mini cakes and bakes*, pela Hamlyn, uma divisão da Octopus Publishing Group LTD
Endeavour House, 189 Shaftesbury Avenue, Londres WC2H 8JY

Coordenação do Projeto: Publifolha
Editora assistente: Mariana Zanini
Produtora gráfica: Samantha R. Monteiro

Produção Editorial: AA Studio
Coordenação: Ana Luisa Astiz
Assistência: Juliana Caldas
Tradução: Mário Fernandes
Consultoria: Tarcila Campos
Preparação: Cida Medeiros
Revisão: Adriana Bairrada
Editoração eletrônica: Paula Astiz Design

Dados Internacionais de Catalogação na Publicação (CIP)
(Câmara Brasileira do Livro, SP, Brasil)

Hamlyn

200 receitas de bolinhos e biscoitinhos / Hamlyn ; [tradução Mário Fernandes]. — São Paulo : Publifolha, 2013. — (Coleção culinária de todas as cores)

Título original: All colour cookbook : 200 mini cakes & bakes.
ISBN 978-85-7914-480-6

1. Biscoitos (Culinária) 2. Bolos (Culinária) I. Hamlyn. II. Série.

13-08379 CDD-641.8653

Índices para catálogo sistemático:
1. Biscoitos : Receitas : Culinária : Economia doméstica 641.8653
2. Bolos : Receitas : Culinária : Economiadoméstica 641.8653

Este livro segue as regras do Acordo Ortográfico da Língua Portuguesa (1990), em vigor desde 1º de janeiro de 2009.

Impresso na C&C Offset Printing Co., Ltd.

PUBLIFOLHA

Divisão de Publicações do Grupo Folha
Al. Barão de Limeira, 401, 6º andar
CEP 01202-900, São Paulo, SP
Tel.: (11) 3224-2186/2187/2197
www.publifolha.com.br

NOTA DO EDITOR

Apesar de todos os cuidados tomados na elaboração das receitas deste livro, a editora original não se responsabiliza por erros ou omissões decorrentes da preparação dos pratos.

Pessoas com restrições alimentares, grávidas e lactantes devem consultar um médico especialista sobre os ingredientes de cada receita antes de prepará-la.

As fotos deste livro podem conter acompanhamentos ou ingredientes meramente ilustrativos.

Observações, exceto se orientado de outra forma:
- Use sempre ingredientes frescos
- O forno deve ser preaquecido na temperatura indicada na receita

Equivalência de medidas:
- 1 colher (chá) = 5 ml
- 1 colher (sopa) = 15 ml
- 1 xícara = 250 ml

sumário

introdução

introdução

Usar o forno é uma das atividades que proporcionam mais satisfação a quem cozinha, e as pequenas delícias doces têm um apelo todo especial. Nem sempre precisamos de uma fatia grande de bolo de chocolate ou de torta de frutas – às vezes, basta uma pequena porção de sabor intenso para nos reconfortar. Alguns doces, como muffins e cupcakes simples, são ideais para oferecer à família a qualquer hora do dia, pois podem ser preparados rapidamente. Outros requerem mais tempo de elaboração e são indicados para ocasiões festivas. Por conta da dimensão reduzida, alguns bolos pequenos têm sabor mais pronunciado do que os assados em fôrma grande. São perfeitos para servir como sobremesa em um jantar especial ou para oferecer aos amigos após uma reunião com drinques e petiscos. Uma seleção de minidelícias, com ingredientes e texturas diversos, compõe uma apresentação surpreendente que encantará seus convidados.

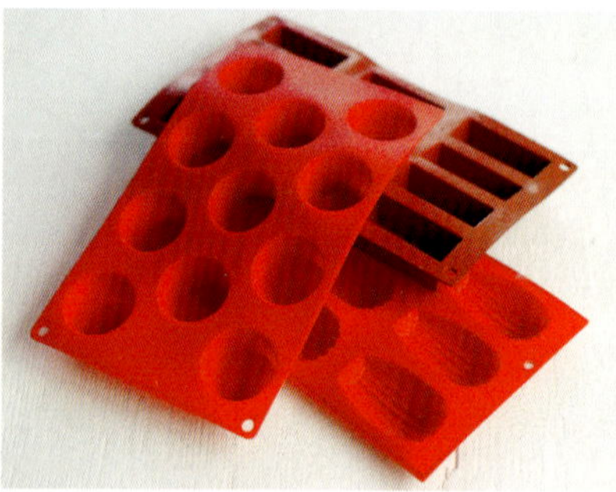

utensílios

Há nas lojas de artigos para cozinha uma grande variedade de utensílios especialmente projetados para o preparo de minibolos de formatos e tamanhos variados. Você não precisará de muitos desses apetrechos para fazer as receitas deste livro, mas, se quiser, você pode ter em casa uma coleção de fôrmas e outros utensílios para facilitar seu trabalho e conseguir resultados dignos de um profissional.

fôrmas para minicupcake e minimuffin

Apresentadas em vários tamanhos, podem ser de metal ou silicone e servem para preparar tortinhas ou receber forminhas de papel para assar pequenos cupcakes ou muffins.

fôrmas para madeleine

No formato de concha e fabricadas em metal ou silicone, são ideais para assar esse bolinho francês que também pode ser preparado em fôrmas para pãezinhos.

forminhas para pão

Adequadas para fazer pães pequenos ou para receitas com massa de pão de ló, garantem uma boa apresentação ao produto final. Se tiver poucas unidades, terá de assar as massas em partes. Também há fôrmas em tamanho grande com várias cavidades.

forminhas com fundo removível

Algumas das receitas devem ser preparadas em fôrmas pequenas com fundo removível. Você pode usar forminhas redondas com fundo removível, como as empregadas no preparo de pão de mel ou empadinhas – mas experimente também utilizar forminhas quadradas com o mesmo recurso para preparar pequenas delícias.

fôrmas para brioche e para tortinha

Com base de aproximadamente 3 cm de diâmetro, são perfeitas para minibolos e, em geral, são vendidas por unidade. Se não puder adquirir muitas, asse os bolinhos em levas. As fôrmas de base removível são mais práticas para preparar tortinhas, e você não corre o risco de danificar a massa delicada ao desenformar.

forminhas de papel

Existem muitos tamanhos, modelos e cores de fôrmas de papel para doces. Para minibolos, escolha as que têm entre 3 cm e 4 cm de base, bem menores que as utilizadas para cupcakes. Você terá de distribuí-las em fôrmas com várias cavidades para assar minipães ou minimuffins, pois, sozinhas, não têm estrutura para conter a massa.

fôrmas de silicone para minimuffin

Hoje é cada vez mais fácil encontrar fôrmas de silicone coloridas para minimuffin ou minicupcake. Como podem ser acomodadas em assadeiras comuns, dispensam o uso de fôrmas com cavidades (aprenda a usar forminhas de silicone na p. 11).

sacos de confeitar

Sacos de confeitar reutilizáveis de náilon, disponíveis em lojas especializadas, podem ser equipados com bicos de metal ou plástico, simples ou em formatos decorativos. São ideais para fazer decorações maiores com creme ou glacê ou para moldar suspiros. Uma alternativa são os sacos descartáveis grandes de polietileno, cuja ponta deve ser cortada com tesoura para acomodar o bico. Sacos de papel são a melhor opção para decorar com ingredientes como chocolate derretido.

bicos de confeitar

Usamos neste livro bicos lisos e em estrela, com ponta de cerca de 1 cm de diâmetro. Podem ser de plástico ou de metal – os de metal dão melhor acabamento.

mixer

Útil para misturar pequenas quantidades de massa, creme e glacê. Você também pode bater essas misturas à mão, mas terá de fazer um pouco mais de esforço para chegar à consistência desejada.

cortadores de biscoito

Várias receitas pedem o uso de cortadores com diâmetro de 3 cm a 6 cm, em geral redondos ou em forma de coração. Mas há outros moldes disponíveis para variar a apresentação dos biscoitos: em forma de flor, de animais, de brinquedos, com motivos de Dia das Bruxas, natalinos etc.

como usar fôrmas de silicone para muffin

Disponha as fôrmas em uma assadeira, mantendo uma pequena distância entre elas. Distribua a massa como se estivesse usando fôrmas de papel. Depois de assar, deixe que os bolinhos esfriem dentro das fôrmas. Se quiser servi-los sem as fôrmas, aguarde 2-5 minutos e, em seguida, remova--as, transferindo os muffins para uma grade de metal para que esfriem completamente. As fôrmas resistem à lava-louça, mas, como são muito leves, podem se movimentar durante a lavagem. Talvez seja melhor lavá-las à mão. Antes de guardá-las, é preciso que sequem completamente, de cabeça para baixo, sobre um pano de prato.

como fazer e usar um saco de confeitar

Faça um cone de papel. Corte um quadrado de 25 cm de papel-manteiga. Dobre na metade, na diagonal, e corte a linha da dobra

Posicione uma das metades de modo que o lado maior fique mais afastado de você e puxe a ponta direita até o centro, formando um cone. Dobre muitas vezes para que fique firme e não se desfaça. Corte a pontinha e, se quiser, encaixe um bico de confeitar. Preencha até a metade com a cobertura desejada e dobre a ponta aberta para firmar ainda mais. Se for usá-lo sem bico, encha-o primeiro e só depois corte um pedacinho pequeno da ponta. Teste, para verificar a espessura resultante. Se for preciso, corte mais.

técnicas de preparo

Assim como existe uma grande variedade de bolos e doces, existem vários métodos de preparo. As orientações a seguir ajudarão você a usar a técnica mais adequada para cada tipo de massa.

pão de ló

A maioria dos bolos com massa de pão de ló deste livro é preparada com o método "tudo junto", no qual os ingredientes principais são batidos ao mesmo tempo antes da adição de complementos como nozes, chocolate ou frutas secas. Primeiro, amoleça a manteiga na vasilha que vai usar para fazer o bolo (p. 14). Em seguida, acrescente os demais ingredientes e bata. Normalmente, o preparo leva entre 1-2 minutos. A mistura ficará clara, macia e cremosa.

muffin

Para fazer esses bolinhos, misture os ingredientes secos em uma vasilha e depois despeje os úmidos, como ovos, leite, iogurte e manteiga derretida. Misture tudo delicadamente com uma colher de metal grande apenas até combiná-los ligeiramente, de modo que alguns

traços de farinha ainda fiquem visíveis. Se bater demais, os muffins ficarão duros.

merengue

Para fazer merengue os utensílios devem estar completamente limpos e secos, pois qualquer resíduo impedirá as claras de atingir o ponto de neve. Bata-as até que se formem picos ao levantar as pás da batedeira. Coloque 1 colher (sopa) cheia de açúcar e bata por cerca de 10 segundos. Em seguida, acrescente mais uma colher e bata novamente. Repita até utilizar todo o açúcar da receita. O merengue deve ficar durinho e brilhante. Atenção: se você incorporar o açúcar muito depressa, ele formará um xarope que escorrerá ao ser batido.

scone

Depois de misturada, a massa de scone deve ficar macia, mas não grudenta e difícil de trabalhar. Coloque-a em uma superfície ligeiramente polvilhada com farinha e abra-a até a espessura de 2,5 cm, para scones comuns, ou um pouco mais fina – cerca de 1,5 cm – para os pequenos, já que ficarão menos tempo no forno. O erro mais comum durante o preparo de scones é abrir demais a massa, como se fosse para preparar biscoitos.

massa filo

A massa filo resseca rapidamente, por isso, mantenha as folhas que você não estiver usando embrulhadas em filme de PVC ou cobertas com um pano limpo e úmido para não esfarelarem. Não é necessário untar a fôrma, mas é importante pincelar cada camada com manteiga ou óleo. Assim, depois de pronta, a massa ficará úmida e saborosa.

para assar e decorar

A seguir, algumas orientações simples para resolver dúvidas que podem surgir ao assar ou decorar, especialmente se você é principiante.

como amolecer manteiga

A menos que faça muito calor ou a cozinha esteja muito quente, a manteiga ainda estará um pouco dura, mesmo se retirada da geladeira com alguma antecedência. Para bolos à base de pão de ló ou creme de manteiga, corte a quantidade indicada na receita em pedaços pequenos e leve ao micro-ondas. Use potência média e ligue e desligue até que amoleça – teste a consistência com o dedo. Tome cuidado para não deixar tempo demais, ou a manteiga derretará completamente.

como derreter chocolate

Há três maneiras de derreter chocolate para decorar ou para adicionar a outros ingredientes, no preparo de glacês ou misturas para bolo.

Para derreter em banho-maria, pique o chocolate em pedacinhos e coloque-o em uma tigela refratária em banho-maria sobre fogo brando. Quando começar a amolecer, desligue o fogo e espere derreter completamente, mexendo uma ou duas vezes para verificar se não sobrou nenhum fragmento inteiro. Não deixe entrar água ou vapor na vasilha, pois isso endurecerá o chocolate, e ele não poderá mais ser derretido.

Para derreter no micro-ondas, pique o chocolate e coloque-o em uma tigela refratária. Leve ao micro-ondas e ligue em intervalos de um minuto, verificando se atingiu a consistência desejada entre cada um. Cuidado ao derreter chocolate branco ou chocolate ao leite, pois esses tipos têm mais gordura e açúcar e podem queimar facilmente.

Para derreter no forno, pique o chocolate e coloque-o em uma tigela refratária. Leve-o ao forno quente, mas desligado (depois de ser usado, por exemplo), e espere derreter.

Às vezes, o chocolate precisa ser derretido com outros ingredientes, como manteiga, glicose de milho ou leite. Nesse caso, verifique a consistência mais vezes, pois geralmente o processo leva menos tempo.

como forrar uma fôrma

Alguns tipos de bolo precisam ser assados em fôrma forrada com papel-manteiga ou similar. Unte a fôrma com manteiga e corte um pedaço de papel no tamanho adequado para cobrir o fundo, subindo um pouco pelas laterais. Coloque o papel e pressione-o no fundo da fôrma. Corte mais dois retângulos para cobrir os lados. Unte o papel para evitar que a massa grude nele, pois isso impede o crescimento do bolo.

como encher fôrmas de papel ou silicone

Os bolos crescem à medida que assam. Se houver massa demais nas forminhas, ela transbordará. A menos que a receita indique algo diferente, misturas do tipo pão de ló devem preencher apenas dois terços da capacidade das forminhas. Se sobrar massa, asse uma segunda leva, para não desperdiçar. No preparo de muffins, pode-se colocar um pouco mais de massa no centro das forminhas.

a técnica dos feijões

Em geral, as bases para tortinhas são assadas antes de se distribuir o recheio. Para evitar que a massa fique encharcada, use a técnica dos feijões. Corte círculos de papel-manteiga uns 5 cm maiores que as forminhas. Forre-as com a massa e cubra-as com os círculos. Distribua um punhado de grãos secos, como feijões ou lentilhas, sobre o papel. Quando a base assar, retire os grãos e o papel. Se necessário, deixe alguns minutos a mais no forno. Guarde os grãos em um recipiente, etiquete-o e reserve para assar outras massas.

como fazer chantili

É muito fácil fazer chantili para recheios e decorações, puro ou combinado com outros ingredientes. Se usar creme de leite fresco o sabor fica menos gorduroso, e a textura, mais homogênea. O ideal é usar um mixer ou um batedor manual. Bata até começarem a se formar picos firmes. Lembre-se de que o chantili continuará encorpando ao ser espalhado ou colocado em um saco de confeitar.

como armazenar as minidelícias

Quase todos os bolinhos, cupcakes, biscoitos e produtos semelhantes são mais saborosos quando servidos na hora em que ficam prontos. Se quiser prepará-los com antecedência, conserve-os em recipiente hermético por até 24 horas. Bolos com massa tipo pão de ló podem ser conservados no freezer, mas devem ser descongelados antes de decorar. É melhor servir muffins e scones recém-assados, mas também é possível congelá-los e depois aquecê-los no forno, para que recuperem a textura e o sabor dos produtos frescos. Merengues e macarons bem secos podem ser guardados por vários dias.

glacê real

É feito com açúcar de confeiteiro, que é bem fino e não forma pedras, por isso é indicado para preparar decorações mais elaboradas. A proporção é 200 g de açúcar de confeiteiro para 1 clara de ovo, que devem ser batidos em uma vasilha até formar picos suaves.

cupcakes e muffins

cupcake cítrico

16 unidades
Preparo: **20 minutos**, mais o tempo para esfriar
Cozimento: **12 minutos**

65 g de **manteiga sem sal** amolecida (p. 13)
65 g de **açúcar**
65 g de **farinha de trigo com fermento**
raspas finas de 1 **limão--siciliano**, mais 1 colher (sopa) do **suco**
1 **ovo**
3 colheres (sopa) de **licor de limoncello**

Para a cobertura
5 colheres (sopa) de **leite condensado**
1 colher (sopa) de **suco de limão-siciliano**
75 g de **manteiga sem sal** amolecida
50 g de **açúcar de confeiteiro**, mais um pouco para polvilhar

Distribua 16 forminhas de silicone para minimuffin em uma assadeira.

Misture a manteiga, o açúcar, a farinha, as raspas de limão e o ovo. Bata até a massa ficar leve e macia. Distribua nas forminhas.

Asse em forno preaquecido a 180°C por 10-12 minutos, ou até crescer e firmar. Deixe nas forminhas por 2 minutos, desenforme e coloque sobre uma grade para esfriar. Regue os bolinhos com 2 colheres (sopa) do licor. Deixe esfriar completamente.

Bata o leite condensado com o suco de limão para fazer a cobertura. Reserve 2 colheres (sopa) desse creme. Distribua o restante sobre os bolinhos com uma espátula.

Misture a manteiga, o açúcar de confeiteiro, o restante do licor, o creme de leite condensado com limão mais o suco de limão reservado, até obter um creme fofo. Coloque em um saco de confeitar com bico estrela e decore os bolinhos. Sirva polvilhado com açúcar de confeiteiro.

Variação: cupcake de maçã e laranja. Prepare a massa como na receita acima, mas substitua as raspas de limão por raspas de meia laranja, e distribua nas forminhas. Corte 100 g de maçã em fatias bem finas e polvilhe com 4 colheres (chá) de açúcar e uma pitada generosa de gengibre ralado. Espalhe sobre os bolinhos e salpique 2 colheres (chá) de amêndoa moída. Asse como indicado na receita e sirva os cupcakes polvilhados com açúcar de confeiteiro.

muffin achocolatado

16 unidades
Preparo: **10 minutos**
Cozimento: **15 minutos**

100 g de **farinha de trigo com fermento**
25 g de **cacau em pó**
½ colher (chá) de **fermento em pó**
50 g de **açúcar mascavo**
100 g de **chocolate ao leite** picado
1 **ovo**
5 colheres (sopa) de **leite**
50 g de **manteiga sem sal** derretida

* Use canela, cravo, gengibre e noz-moscada.

Distribua 16 forminhas de silicone para minimuffin em uma assadeira.

Peneire a farinha, o cacau em pó e o fermento em uma vasilha. Misture o açúcar e o chocolate picado.

Bata o ovo em outra vasilha. Acrescente o leite e a manteiga derretida ao ovo e depois junte aos ingredientes secos, misturando apenas o suficiente para incorporar. Distribua nas forminhas.

Asse em forno preaquecido a 200°C, por 15 minutos, até a massa crescer e firmar. Sirva quente ou frio.

Variação: muffin de pera com especiarias. Peneire 100 g de farinha de trigo com fermento e ½ colher (chá) de mix de especiarias em pó*. Adicione 25 g de farinha de aveia, ½ colher (chá) de fermento e 50 g de açúcar. Descasque 1 pera, tire o miolo, corte em pedacinhos e misture aos ingredientes secos. Acrescente 25 g de uva-passa branca. Bata o ovo, o leite e a manteiga e incorpore, como na receita indicada. Distribua a massa nas forminhas e leve-as ao forno como na receita anterior. Sirva polvilhado com açúcar de confeiteiro.

bolinho de mirtilo

16 unidades
Preparo: **10 minutos**
Cozimento: **15 minutos**

50 g de **manteiga sem sal**
2 **claras**
25 g de **farinha de trigo**
75 g de **açúcar de confeiteiro**, mais um pouco para polvilhar
40 g de **amêndoa** moída
½ colher (chá) de **essência de amêndoa**
50 g de **mirtilo**

Distribua 16 forminhas de silicone para minimuffin em uma assadeira.

Derreta a manteiga e deixe esfriar. Reserve. Bata as claras em uma vasilha até formar espuma, sem chegar ao ponto de neve.

Peneire a farinha e o açúcar de confeiteiro sobre as claras e adicione a amêndoa moída. Junte a essência de amêndoa à manteiga derretida e misture delicadamente às claras, apenas para incorporar. Distribua nas forminhas, preenchendo cerca de três quartos da capacidade. Coloque três mirtilos em cada bolinho, como mostrado na foto.

Asse em forno preaquecido a 200°C, por 12-15 minutos, até crescerem e firmarem. Deixe nas forminhas por 5 minutos e transfira para uma grade, para esfriar. Sirva quente ou frio, polvilhado com açúcar de confeiteiro.

Variação: bolinho de avelã com damasco. Toste ligeiramente 40 g de avelã e triture no processador. Pique 50 g de damasco seco em pedacinhos bem miúdos. Prepare as forminhas como na receita acima, mas substitua a amêndoa por avelã, a essência de amêndoa por essência de baunilha e o mirtilo por damasco picado.

muffin de marsala, uva-passa e café

16 unidades
Preparo: **15 minutos**, mais o tempo para hidratar a uva-passa
Cozimento: **12 minutos**

- 50 g de **uva-passa**
- 4 colheres (sopa) de **vinho marsala**
- 1 colher (chá) de **pó de café**
- 2 colheres (chá) de **água** fervente
- 125 g de **farinha de trigo com fermento**
- ½ colher (chá) de **fermento em pó**
- 65 g de **açúcar**
- 125 g de **iogurte natural**
- 1 **ovo** batido
- 2 colheres (sopa) de **óleo vegetal**

Para a cobertura

- ½ colher (chá) de **pó de café**
- 1 ½ colher (chá) de **água** quente
- 40 g de **açúcar de confeiteiro** peneirado

Aqueça em fogo brando a uva-passa com o marsala, sem deixar ferver. Desligue e reserve por 2 horas, até a fruta absorver o vinho.

Distribua 16 forminhas de silicone para minimuffin em uma assadeira.

Misture o pó de café com a água. Peneire a farinha e o fermento em uma vasilha. Acrescente o açúcar.

Bata o iogurte, o ovo, o óleo e o café. Acrescente a uva-passa e o vinho que não foi absorvido. Misture apenas até incorporar e distribua nas forminhas.

Asse em forno preaquecido a 200°C, por cerca de 12 minutos, até crescerem e firmarem. Mantenha por 2 minutos nas forminhas e transfira para uma grade para esfriar.

Faça a cobertura. Misture o pó de café com a água em uma vasilha pequena e, batendo, adicione o açúcar de confeiteiro. Espalhe sobre os muffins.

Variação: muffin de café cremoso. Siga a receita acima, mas substitua a uva-passa e o marsala por 50 g de chocolate branco picado e 1 colher (sopa) de cacau em pó. Misture 2 colheres (sopa) de açúcar com ½ colher (chá) de canela em pó e ½ colher (chá) de cacau em pó e polvilhe generosamente sobre os muffins assados.

cupcake de chocolate branco com framboesa

16 unidades
Preparo: **25 minutos**, mais o tempo para esfriar
Cozimento: **12 minutos**

65 g de **manteiga sem sal** amolecida (p. 13)
40 g de **açúcar**
65 g de **farinha de trigo com fermento**
1 **ovo**
40 g de **chocolate branco** picado

Para a cobertura
75 g de **framboesa**
150 g de **creme de ricota**
1 colher (sopa) de **açúcar de confeiteiro**
raspas de chocolate branco, para decorar

Distribua 16 forminhas de silicone para minimuffin em uma assadeira.

Bata a manteiga, o açúcar, a farinha e o ovo até a mistura ficar leve e cremosa. Junte o chocolate branco e distribua a massa nas forminhas.

Asse em forno preaquecido a 180°C por 10-12 minutos ou até os bolinhos crescerem e firmarem. Mantenha por 2 minutos nas forminhas e transfira para uma grade para esfriar.

Prepare a cobertura. Amasse as framboesas com um garfo. Em outro recipiente, bata o creme de ricota e o açúcar de confeiteiro até obter uma mistura cremosa. Incorpore a framboesa, sem misturar completamente. Distribua sobre os bolinhos e decore com as raspas de chocolate branco.

Variação: cupcake de creme e marshmallow. Prepare a massa como na receita acima. Com uma colher de chá, abra uma cavidade no centro de cada bolinho e espalhe um pouco de geleia de framboesa ou de morango. Toste ligeiramente 16 marshmallows e coloque um no centro de cada bolinho. Bata 200 ml de creme de leite fresco com 1 colher (sopa) de açúcar de confeiteiro e transfira para um saco de confeitar com bico estrela de 1 cm. Cubra cada marshmallow com o creme e decore com açúcar cristal cor-de-rosa.

cheesecake de damasco

16 unidades
Preparo: **25 minutos**,
mais o tempo para esfriar
Cozimento: **25 minutos**

50 g de **biscoito maisena** ou **maria**
15 g de **manteiga sem sal** derretida
100 g de **açúcar**
6 colheres (sopa) de **água**
1 colher (chá) de **essência de baunilha**
4 **damascos** pequenos sem caroço e cortados em quatro
200 g de **cream cheese**
75 g de **iogurte grego tradicional**
1 **ovo** batido

Distribua 16 forminhas de silicone para minimuffin em uma assadeira.

Amasse os biscoitos em um saco com fecho hermético, esmagando com o rolo de macarrão até obter farelos. Misture-os com a manteiga derretida. Distribua a massa nas forminhas, pressionando firmemente com as costas de uma colher. Coloque metade do açúcar em uma panela com a água e a essência de baunilha e leve ao fogo até o açúcar derreter. Adicione os damascos, tampe a panela e mantenha no fogo por 5 minutos, ou até as frutas ficarem macias. Deixe esfriar.

Bata bem o restante do açúcar com o cream cheese, o iogurte e o ovo, e distribua sobre a massa. Asse em forno preaquecido a 180°C por 15 minutos, ou até firmar. Mantenha nas forminhas até esfriar e transfira para um prato.

Retire os pedaços de damasco da calda e coloque sobre os bolinhos. Apure a calda por 3-4 minutos, até engrossar. Regue os damascos e sirva.

Variação: cheesecake de chocolate e gengibre.
Prepare a massa como na receita acima, mas substitua o biscoito maisena por biscoitos de gengibre. Pressione a massa na base das forminhas. Pique 2 pedaços de gengibre em conserva. Bata 200 g de cream cheese com 75 g de açúcar mascavo e 1 ovo, até obter uma mistura homogênea. Acrescente o gengibre picado e 100 g de chocolate derretido e preencha as forminhas. Asse como na receita indicada. Deixe esfriar e sirva polvilhado com cacau em pó.

cupcake com fudge de chocolate

16 unidades
Preparo: **25 minutos**,
mais o tempo para esfriar
Cozimento: **12 minutos**

40 g de **cacau em pó**
100 ml de **água** fervente
50 g de **manteiga sem sal** amolecida (p. 13)
125 g de **açúcar mascavo**
1 **ovo**
100 g de **farinha de trigo com fermento**
150 g de **framboesa**, para decorar

Para a cobertura
75 g de **chocolate meio amargo** picado
1 colher (sopa) de **leite**
25 g de **manteiga sem sal**
25 g de **açúcar de confeiteiro** peneirado, mais um pouco para polvilhar

Distribua 16 forminhas de silicone para minimuffin em uma assadeira.

Dissolva o cacau em pó na água fervente e deixe esfriar.

Bata a manteiga com o açúcar mascavo em outra vasilha, até obter um creme claro. Acrescente o ovo aos poucos, batendo continuamente. Incorpore a farinha e, por último, o cacau dissolvido. Distribua nas forminhas.

Asse em forno preaquecido a 180°C, por 8-10 minutos, até os bolinhos crescerem e firmarem. Mantenha nas forminhas por 2 minutos e transfira para uma grade para acabar de esfriar.

Prepare a cobertura. Aqueça o chocolate, o leite e a manteiga em uma panela, em fogo brando. Tire do fogo e peneire o açúcar de confeiteiro sobre a mistura, mexendo bem para ficar homogênea. Com uma espátula, espalhe sobre os bolinhos. Deixe esfriar completamente. Decore com framboesa e sirva ligeiramente polvilhado com açúcar de confeiteiro.

Para fazer cobertura caramelada de pecã. Toste ligeiramente e depois pique 50 g de nozes-pecãs. Aqueça 100 g de creme de leite fresco com 125 g de açúcar mascavo e 50 g de manteiga sem sal, em fogo baixo e até dissolver o açúcar. Aumente a temperatura e ferva por 5 minutos, mexendo continuamente. Não deixe ferver demais, para não queimar: a calda deve ficar com cor de caramelo claro. Coloque a base da panela em uma vasilha com água fria para interromper o cozimento. Misture as nozes picadas e sirva como cobertura para os minicupcakes da receita acima.

cupcake de menta com chocolate

50 unidades
Preparo: **40 minutos**,
mais o tempo para esfriar
Cozimento: **14 minutos**

50 g de **bala forte de menta**
125 g de **manteiga sem sal** amolecida (p. 13)
75 g de **açúcar**
2 **ovos**
125 g de **farinha de trigo com fermento**
½ colher (chá) de **fermento em pó**

Para decorar
100 g de **chocolate meio amargo** picado
25 g de **chocolate ao leite** picado

Distribua em uma assadeira 50 forminhas pequenas, de papel ou metal, como as usadas para servir brigadeiros.

Coloque as balas de hortelã em um saco com fecho hermético e amasse-as com o rolo de macarrão. Misture-as com os demais ingredientes dos bolinhos. Bata com um mixer por cerca de 1 minuto, até a mistura ficar leve e cremosa, e distribua nas forminhas.

Asse em forno preaquecido a 180°C por 12 minutos, ou até os bolinhos crescerem e firmarem. Coloque sobre uma grade para esfriar.

Derreta os chocolates em vasilhas separadas (p. 14). Com uma espátula, distribua o chocolate meio amargo sobre os bolinhos. Coloque o chocolate ao leite derretido em um saco de confeitar e faça uma abertura bem pequena com a tesoura. Decore com listras ou bolinhas sobre o chocolate meio amargo. Deixe esfriar antes de servir.

Variação: cupcake de menta com caramelo. Prepare a massa como na receita acima, mas substitua 15 g da farinha de trigo por 15 g de cacau em pó. Asse da forma indicada. Derreta 200 g de chocolate branco com 4 colheres (sopa) de leite, mexendo até formar uma calda homogênea. Acrescente 150 g de açúcar de confeiteiro peneirado. Espalhe a calda sobre os bolinhos e polvilhe cacau em pó.

bolinho de amaretti e ameixa

16 unidades
Preparo: **15 minutos**,
mais o tempo para esfriar
Cozimento: **10 minutos**

40 g de **biscoito amaretti**
40 g de **açúcar mascavo**
65 g de **manteiga sem sal** amolecida (p. 13)
1 **ovo**
65 g de **farinha de trigo com fermento**
½ colher (chá) de **fermento em pó**

Para a cobertura
50 g de **açúcar de confeiteiro** peneirado
2 colheres (chá) de **suco de limão**

Para decorar
4 **ameixas** picadas
8 **amêndoas** picadas

Distribua 16 forminhas de silicone para minimuffin em uma assadeira.

Amasse os biscoitos em um saco com fecho hermético, esmagando com o rolo de macarrão. Transfira para uma vasilha, adicione o açúcar, a manteiga e o ovo. Peneire por cima a farinha e o fermento. Bata até a massa ficar lisa, e distribua nas forminhas.

Asse em forno preaquecido a 180°C por 10 minutos, ou até os bolinhos crescerem e firmarem. Mantenha nas forminhas por 2 minutos e transfira para uma grade, para acabar de esfriar.

Prepare a cobertura batendo o açúcar de confeiteiro com o suco de limão até formar uma pasta macia. Espalhe um pouco sobre cada bolinho e decore com os pedaços de ameixa e amêndoa. Finalize com um pouco mais de cobertura.

Variação: bolinho de damasco e gengibre.
Prepare a massa como na receita acima, usando biscoitos de gengibre no lugar dos amaretti e juntando à massa um pedacinho de gengibre em conserva bem picado. Em vez de ameixas, use damascos pequenos. Depois de assado, regue com um pouco da calda da conserva de gengibre em vez da cobertura de açúcar de confeiteiro.

cupcake de pecã e maple syrup

16 unidades
Preparo: **20 minutos**, mais o tempo para esfriar
Cozimento: **12 minutos**

- 65 g de **manteiga sem sal** amolecida (p. 13)
- 65 g de **açúcar**
- 65 g de **farinha de trigo com fermento** peneirada
- 1 **ovo**
- 40 g de **nozes-pecãs** bem picadas
- 16 **nozes-pecãs** inteiras, para decorar

Para a manteiga de maple syrup

- 100 g de **manteiga sem sal** amolecida
- ½ colher (chá) de **essência de baunilha**
- 4 colheres (sopa) de **açúcar de confeiteiro** peneirado
- 6 colheres (sopa) de **maple syrup**

Distribua 16 forminhas de silicone para minimuffin em uma assadeira.

Bata a manteiga, o açúcar, a farinha e o ovo até a massa ficar leve e cremosa. Junte as nozes picadas e distribua nas forminhas.

Asse em forno preaquecido a 180°C por 10-12 minutos, ou até os bolinhos crescerem e firmarem. Mantenha nas forminhas por 2 minutos e transfira para uma grade, para acabar de esfriar.

Prepare a manteiga de maple syrup batendo a manteiga, a baunilha e o açúcar até ficar homogêneo. Junte aos poucos o maple syrup e continue batendo, até a manteiga clarear. Transfira para um saco de confeitar com bico estrela pequeno e decore os bolinhos. Finalize com as pecãs inteiras.

Variação: cupcake de chocolate branco e macadâmia. Prepare a massa como na receita acima, mas substitua as pecãs por macadâmias picadas e junte 25 g de chocolate branco picado e ½ colher (chá) de essência de amêndoa. Asse e deixe esfriar. Derreta 50 g de chocolate branco e, usando uma colher de chá, derrame em fios sobre os bolinhos.

muffin de frutas vermelhas

16 unidades
Preparo: **10 minutos**
Cozimento: **10 minutos**

50 g de **groselha**
50 g de **framboesa**
100 g de **farinha de trigo com fermento**
1 colher (chá) de **fermento em pó**
50 g de **açúcar**
100 g de **iogurte de morango**
1 **ovo** batido
2 colheres (sopa) de **óleo vegetal**
1 colher (chá) de **essência de baunilha**
açúcar de confeiteiro, para polvilhar (opcional)

*** Xarope de flor de sabugueiro**
1 kg de açúcar
1,5 l de água fervente
4 limões-sicilianos médios
30 buquês de flor de sabugueiro
55 g de ácido cítrico

Dissolva o açúcar na água fervente. Reserve para esfriar. Rale a casca dos limões, corte-os em fatias grossas e acrescente à água. Misture o ácido cítrico e as flores de sabugueiro. Cubra com um pano limpo e reserve por 48 horas. Coe usando um pedaço de musselina e guarde em garrafas esterilizadas. Feche-as e guarde em lugar escuro e fresco. Depois de aberto, conserve na geladeira.

Misture a groselha com a framboesa e amasse.

Distribua 16 forminhas de silicone para minimuffin em uma assadeira.

Peneire a farinha de trigo e o fermento e adicione o açúcar. Em outra vasilha, bata o iogurte, o ovo, o óleo e a baunilha. Acrescente as frutas. Despeje sobre os ingredientes secos e misture ligeiramente com uma colher. Distribua nas forminhas.

Asse em forno preaquecido a 200°C por 10 minutos, até crescerem e firmarem. Mantenha nas forminhas por 2 minutos e transfira para uma grade, para acabar de esfriar. Polvilhe açúcar de confeiteiro e sirva.

Variação: muffin de groselha e flor de sabugueiro. Leve ao fogo 100 g de groselha com 1 colher (sopa) de água. Aqueça em fogo brando por 2-3 minutos, até as frutas começarem a amolecer. Retire do fogo e acrescente 6 colheres (sopa) de xarope de flor de sabugueiro* (pode ser usado puro, para perfumar sorvetes e sobremesas à base de fruta, como esta, ou diluído em água). Deixe esfriar. Complete como na receita acima, mas substitua o iogurte e a essência de baunilha por 25 g de amêndoa moída e 1 colher (chá) de essência de amêndoa.

bolinho floresta negra

16 unidades
Preparo: **20 minutos**, mais o tempo para esfriar
Cozimento: **14 minutos**

65 g de **manteiga sem sal** amolecida (p. 13)
65 g de **açúcar mascavo**
1 **ovo**
50 g de **farinha de trigo com fermento**
15 g de **cacau em pó**
25 g de **cereja** seca picada

Para a cobertura
100 g de **chocolate meio amargo** picado
2 colheres (chá) de **melado**
150 ml de **creme de leite fresco**
2 colheres (sopa) de **kirsch**
16 **cerejas em conserva** sem caroço
2 colheres (sopa) de **licor de cereja**

Distribua 16 forminhas de silicone para minimuffin em uma assadeira.

Coloque a manteiga, o açúcar e o ovo em uma vasilha. Peneire por cima a farinha de trigo e o cacau, e bata até a massa ficar leve e cremosa. Junte a cereja picada e distribua nas forminhas.

Asse em forno preaquecido a 180°C por 10-12 minutos, ou até crescer e firmar. Mantenha nas forminhas por 2 minutos e transfira para uma grade, para acabar de esfriar.

Prepare a cobertura. Derreta o chocolate (p. 14) e junte o melado. Espalhe com uma colher sobre os bolinhos, deixando que a cobertura escorra pelas laterais. Bata o creme de leite com o kirsch e coloque por cima. Seque as cerejas com papel-toalha e disponha uma sobre cada bolinho, finalizando com o licor de cereja.

Para fazer calda de chocolate. Leve ao fogo 125 g de açúcar mascavo com 125 ml de água e aqueça em fogo brando, mexendo sempre, até o açúcar dissolver. Deixe ferver por 1 minuto. Retire do fogo e adicione 200 g de chocolate meio amargo picado e 25 g de manteiga sem sal. Espere o chocolate derreter, mexendo de vez em quando. Volte ao fogo se sobrarem alguns pedaços de chocolate. Sirva quente, acompanhando os bolinhos.

bolinho de cappuccino

12 unidades
Preparo: **30 minutos**
Cozimento: **14 minutos**

3 colheres (chá) de **pó de café**
2 colheres (chá) de **água** fervente
175 g de **manteiga sem sal** amolecida (p. 13), mais um pouco para untar
175 g de **açúcar mascavo**
2 colheres (sopa) de **cacau em pó**
175 g de **farinha de trigo com fermento**
½ colher (chá) de **fermento em pó**
3 **ovos**

Para decorar
300 ml de **creme de leite fresco**
75 g de **raspas de chocolate meio amargo** ou **branco**

Unte uma fôrma para muffin com 12 cavidades e forre as divisões com discos de papel-manteiga.

Dissolva o café na água fervente. Coloque os outros ingredientes da massa em uma vasilha e bata até ficar homogêneo. Acrescente o café dissolvido. Distribua na fôrma e alise a superfície.

Asse em forno preaquecido a 180°C por 12-14 minutos, até os muffins crescerem e firmarem. Mantenha na fôrma por 5 minutos e transfira para uma grade, para terminar de esfriar.

Corte os bolinhos ao meio, no sentido horizontal. Bata o creme de leite até começar a engrossar. Recheie os bolinhos com o creme e cubra com a outra metade. Use o restante do creme como cobertura e finalize com as raspas de chocolate.

Variação: bolinho de chocolate e creme de avelã. Prepare os bolinhos como na receita acima, mas suprima o café e substitua 25 g da farinha por 25 g de cacau em pó. Depois de prontos, corte os bolinhos ao meio e espalhe uma camada fina de creme de avelã com chocolate em cada uma. Complete o recheio com chantili. Monte e decore os bolinhos como indicado.

cupcake de lavanda

16 unidades
Preparo: **30 minutos**, mais o tempo para gelar
Cozimento: **2 minutos**

125 g de **chocolate branco** picado
16 **biscoitos amaretti** pequenos
4 colheres (sopa) de **licor de amêndoa** ou **suco de laranja**
3 **flores de lavanda**, mais um pouco para decorar
raspas de ½ **laranja**
3 colheres (sopa) de **açúcar**
300 ml de **creme de leite fresco**
raspas de chocolate branco, para decorar

Derreta o chocolate (p. 14). Separe 16 forminhas de silicone para minimuffin e cubra cada uma com 1 colher (chá) do chocolate derretido; espalhe bem nas laterais com as costas de uma colher. Distribua as forminhas viradas para baixo sobre uma assadeira forrada com papel-manteiga e leve à geladeira por 1 hora. Desenforme os copinhos com cuidado e reserve sobre uma superfície plana.

Coloque um biscoito no fundo de cada copinho e borrife com o licor ou o suco de laranja.

Tire as flores de lavanda dos cabinhos e amasse em um pilão com a casca de laranja e o açúcar. Bata com o creme de leite até começar a endurecer. Transfira para os copinhos e decore com flores de lavanda e raspas de chocolate branco.

Sirva imediatamente ou conserve na geladeira por até 6 horas.

Variação: crocante de chocolate branco. Derreta 150 g de chocolate branco com 15 g de manteiga sem sal até formar uma pasta lisa. Deixe esfriar um pouco, mas sem endurecer completamente. Junte 25 g de pedacinhos de pão de mel com cobertura de chocolate e 50 g de biscoito tipo sablé (p. 216). Distribua a mistura nas forminhas e cubra com espirais da pasta de chocolate branco. Espere assentar por algumas horas antes de desenformar.

cupcake outonal

16 unidades
Preparo: **30 minutos**, mais o tempo para descansar e esfriar
Cozimento: **12 minutos**

- 75 g de **cranberry** seco
- 1 **maçã** pequena descascada, sem miolo e picada
- 75 g de **frutas secas**
- 2 colheres (sopa) de **açúcar mascavo**
- ½ colher (chá) de **mix de especiarias em pó** (p. 20)
- 2 colheres (sopa) de **xerez**
- 65 g de **manteiga sem sal** amolecida (p. 13)
- 65 g de **açúcar**
- 65 g de **farinha de trigo com fermento** peneirada
- 1 **ovo**

Para a cobertura

- 2 **claras**
- 100 g de **açúcar de confeiteiro** peneirado
- ¼ de colher (chá) de **cremor de tártaro**

Bata o cranberry, a maçã, as frutas secas, o açúcar mascavo, as especiarias e o xerez no liquidificador. Triture rapidamente, com cuidado para não virar purê. (Se preferir, pique as frutas no menor tamanho possível antes de juntar os outros ingredientes). Mexa, cubra e deixe descansar por algumas horas ou de um dia para o outro.

Distribua 16 forminhas de silicone para minimuffin em uma assadeira. Bata a manteiga, o açúcar, a farinha e o ovo até formar uma massa lisa e cremosa. Transfira para as forminhas e asse em forno preaquecido a 180°C por 10-12 minutos, ou até crescer e firmar. Deixe esfriar nas forminhas e transfira para uma grade. Cave um pequeno buraco no centro de cada bolinho e recheie com as frutas batidas.

Prepare a cobertura. Aqueça os ingredientes em banho-maria e bata até começar a engrossar. Tire do fogo e bata por mais 4-5 minutos. Despeje sobre os bolinhos e decore com uma espátula.

Variação: cupcake de amaretti e amêndoa. Bata no liquidificador 50 g de damasco seco, 1 pera pequena descascada, sem miolo e grosseiramente picada, 50 g de uva-passa, 25 g de amêndoa escaldada, 1 colher (sopa) de açúcar mascavo claro, ½ colher (chá) de canela em pó e 2 colheres (sopa) de licor amaretto, triturando tudo em pedaços pequenos. Esmague 25 g de biscoitos amaretti e misture. Use no lugar da mistura de frutas secas da receita acima.

bocadinho de caramelo e chocolate

16 unidades
Preparo: **20 minutos**,
mais o tempo para esfriar
Cozimento: **17 minutos**

150 g de **farinha de trigo**
100 g de **manteiga sem sal**, gelada e cortada em pedacinhos
50 g de **açúcar de confeiteiro** peneirado
1 **gema**
½ colher (chá) de **essência de baunilha**
75 g de **chocolate meio amargo** ou **ao leite** picado
8 colheres (sopa) de **cobertura pronta de caramelo**

Distribua 16 forminhas de silicone para minimuffin em uma assadeira.

Bata a farinha com a manteiga no processador até obter uma farofa. Adicione o açúcar aos poucos. Acrescente a gema e a baunilha e bata até a massa ficar bem lisa. Forme 16 bolinhas de massa e pressione cada uma no centro das forminhas.

Asse em forno preaquecido a 200°C por 12-15 minutos, até começar a dourar nas bordas. Mantenha nas forminhas por cerca de 10 minutos e transfira para uma grade, para esfriar mais um pouco.

Derreta o chocolate (p. 14). Despeje um pouco de calda de caramelo no centro de cada bolinho e espalhe o chocolate derretido por cima.

Variação: bocadinho de fubá com amêndoa. Coloque 75 g de açúcar, 75 g de amêndoa moída e 75 g de fubá pré-cozido para polenta em uma vasilha. Adicione 75 g de manteiga sem sal amolecida (p. 13) e raspas de 1 limão. Bata bem para incorporar os ingredientes, formando uma massa densa. Coloque a mistura nas forminhas, enchendo cada uma até o alto. Asse como na receita acima e sirva polvilhado com açúcar de confeiteiro.

bolinho aveludado

16 unidades
Preparo: **20 minutos**,
mais o tempo para esfriar
Cozimento: **10 minutos**

100 g de **farinha de trigo com fermento**
2 colheres (chá) de **cacau em pó**
50 g de **açúcar**
1 **beterraba** pequena grosseiramente picada
2 colheres (sopa) de **óleo**
1 **ovo**
35 ml de **iogurte desnatado**
15 ml de **leite**
1 colher (chá) de **vinagre**
pétalas pequenas de rosa vermelha, para decorar

Para a cobertura
100 g de **cream cheese**
50 g de **manteiga sem sal** amolecida (p. 13)
1 colher (chá) de **essência de baunilha**
100 g de **açúcar de confeiteiro** peneirado

Distribua 16 forminhas de silicone para minimuffin em uma assadeira.

Peneire a farinha e o cacau em uma vasilha. Adicione o açúcar. Bata a beterraba com o óleo e o ovo no liquidificador até formar um purê. Acrescente o iogurte, o leite e o vinagre e bata rapidamente. Misture aos ingredientes secos até formar uma massa homogênea e distribua nas forminhas.

Asse em forno preaquecido a 180°C por 10 minutos, ou até crescerem e firmarem. Mantenha nas forminhas por 2 minutos e transfira para uma grade, para acabar de esfriar.

Prepare a cobertura. Bata todos os ingredientes até formar uma pasta lisa e cremosa. Coloque o creme em um saco de confeitar com bico estrela pequeno e decore cada bolinho, finalizando com uma pétala de rosa.

Variação: bolinho de abobrinha e limão. Rale finamente 75 g de abobrinha, polvilhe 1 colher (sopa) de sal e deixe escorrer por 30 minutos. Lave diversas vezes, para eliminar todo o sal. Faça os bolinhos seguindo a receita acima, mas substitua o cacau em pó por 1 colher (sopa) de amêndoa moída, a beterraba pela abobrinha e o vinagre por raspas de 1 limão. Na cobertura, troque a essência de baunilha por 1 colher (sopa) de suco de limão e exclua as pétalas de rosa.

bolinho de banana sem glúten

24 unidades
Preparo: **10 minutos**, mais o tempo para esfriar
Cozimento: **12 minutos**

- 200 g de **farinha de arroz integral**
- 75 g de **manteiga sem sal** amolecida (p. 13)
- 75 g de **açúcar**
- 2 colheres (chá) de **fermento em pó sem glúten**
- 1 **banana** grande amassada
- 2 **ovos**
- 6 **balas toffee** picadas
- 1 colher (sopa) de **açúcar mascavo**
- 15 g de **chips de banana**, para decorar

Distribua forminhas de papel em duas fôrmas para minimuffin com 12 cavidades cada.

Bata a farinha de arroz, a manteiga, o açúcar, o fermento, a banana e os ovos até formar uma massa lisa. Misture as balas. Distribua nas forminhas e polvilhe a maior parte do açúcar mascavo.

Asse em forno preaquecido a 200°C por 10-12 minutos, até firmarem. Retire os bolinhos do forno e transfira para uma grade, para esfriar.

Decore com os chips de banana e polvilhe o açúcar mascavo restante.

Variação: borboletinha de nozes. Faça a massa como na receita acima, mas substitua as balas toffee por 60 g de nozes picadas. Asse e deixe esfriar. Bata muito bem 100 g de manteiga sem sal amolecida com 125 g de açúcar mascavo, até formar uma pasta lisa, clara e cremosa. Com uma faca bem afiada, corte um círculo no centro de cada bolinho e divida cada um desses círculos ao meio. Com uma colher ou saco de confeitar, coloque um pouco do creme de manteiga no centro de cada bolinho e posicione as duas metades dos círculos de massa, de forma que imitem as asas de uma borboleta. Finalize com açúcar de confeiteiro ligeiramente polvilhado.

bocadinho de fubá com pimenta

16 unidades
Preparo: **20 minutos**, mais o tempo para esfriar
Cozimento: **10 minutos**

- 100 g de **fubá pré-cozido**
- 50 g de **açúcar**
- ½ colher (chá) de **fermento em pó**
- 40 g de **amêndoa moída**
- 2 colheres (sopa) de **azeite**
- 2 **ovos**
- suco de 1 **limão**
- 1 **pimenta-malagueta** média, sem sementes e cortada em rodelas finas

Para a cobertura

- 2 **limões**
- 100 g de **açúcar de confeiteiro**

Distribua 16 forminhas de silicone para minimuffin em uma assadeira.

Misture em uma vasilha o fubá, o açúcar, o fermento e a amêndoa. Bata o azeite com os ovos, o suco de limão e metade da pimenta. Junte os ingredientes secos e mexa até obter uma massa lisa. Distribua nas forminhas.

Asse por 10 minutos em forno preaquecido a 180°C, ou até dourar levemente. Deixe esfriar nas forminhas.

Prepare a cobertura. Faça tiras bem finas com as cascas dos limões. Bata 4 colheres (chá) do suco com o açúcar de confeiteiro até formar uma camada fina nas costas de uma colher. Acrescente mais limão se necessário. Junte as tiras de limão à cobertura e despeje sobre os bolinhos, de forma a escorrer um pouco dos lados. Decore com uma rodela de pimenta.

Variação: cupcake de chocolate picante. Bata 65 g de manteiga sem sal amolecida (p. 13) com 65 g de açúcar mascavo, 1 ovo, 40 g de farinha de trigo com fermento peneirada, 25 g de cacau em pó e 1 pimenta-malagueta média sem sementes e cortada em rodelas finas, até formar uma massa lisa e cremosa. Distribua em 12 forminhas de silicone para minimuffin. Asse como na receita acima. Faça uma pasta com 2 colheres (sopa) de cacau em pó e 2 colheres (sopa) de água fervente. Deixe esfriar. Bata 75 g de manteiga sem sal amolecida com 100 g de açúcar de confeiteiro peneirado até obter outra pasta lisa e misture bem com a de cacau. Coloque no saco de confeitar e decore os bolinhos. Finalize com uma fatia fina de pimenta.

cupcake caramelado de amendoim

16 unidades
Preparo: **20 minutos**, mais o tempo para esfriar
Cozimento: **15 minutos**

65 g de **manteiga sem sal** amolecida (p. 13)
65 g de **açúcar mascavo**
65 g de **farinha de trigo com fermento**
1 **ovo**
50 g de **amendoim** sem casca salgado e picado, mais um pouco para decorar

Para a cobertura
50 g de **manteiga sem sal**
100 g de **açúcar mascavo**
3 colheres (sopa) de **leite**
75 g de **açúcar de confeiteiro**

Distribua 16 forminhas de silicone para minimuffin em uma assadeira.

Bata a manteiga, o açúcar, a farinha e o ovo até formar uma massa leve e cremosa. Junte os amendoins picados. Distribua nas forminhas.

Asse em forno preaquecido a 180°C por 10-12 minutos, ou até crescer e firmar. Mantenha nas forminhas por 2 minutos e transfira para uma grade, para acabar de esfriar.

Prepare a cobertura. Leve a manteiga, o açúcar mascavo e o leite ao fogo até o açúcar dissolver. Deixe levantar fervura e apure por 1 minuto, apenas para engrossar um pouco. Retire do fogo e transfira para uma vasilha. Peneire o açúcar de confeiteiro por cima e bata até ficar liso e cremoso.

Espalhe o creme sobre os cupcakes com uma espátula e finalize com o amendoim picado.

Variação: cupcake de mel e pinhole. Toste e pique 100 g de pinhole. Prepare os bolinhos como na receita acima, mas substitua o amendoim por metade do pinhole. Em uma panela, derreta 25 g de manteiga sem sal com 1 ½ colher (sopa) de mel claro e 1 colher (sopa) de açúcar mascavo. Deixe ferver e mantenha no fogo até o ponto de xarope. Retire e misture 1 colher (sopa) de suco de limão e o restante do pinhole. Despeje sobre os bolinhos e sirva morno.

copinho de chocolate com tiramisù

16 unidades
Preparo: **30 minutos**, mais o tempo para gelar
Cozimento: **2 minutos**

- 125 g de **chocolate meio amargo** picado
- 100 g de **pão de ló de baunilha**, comprado pronto ou feito em casa, cortado em pedaços pequenos
- 3 colheres (sopa) de **café expresso** bem forte, em temperatura ambiente
- 3 colheres (sopa) de **vinho marsala** ou **licor de café**
- 1 pedaço de **chocolate meio amargo** ralado, para polvilhar

Para a cobertura

- 250 g de **mascarpone**
- 4 colheres (sopa) de **açúcar de confeiteiro** peneirado
- 1 colher (chá) de **essência de baunilha**
- 1 colher (sopa) de **café expresso** bem forte, em temperatura ambiente
- 5 colheres (sopa) de **creme de leite**

Derreta o chocolate (p. 14). Coloque 1 colher (chá) bem cheia em cada forminha de silicone para minimuffin (você vai precisar de 16) e espalhe nas laterais com o dorso da colher, distribuindo por igual. Distribua as forminhas viradas para baixo sobre uma assadeira forrada com papel-manteiga e leve à geladeira por 1 hora, ou até firmar. Retire as forminhas e reserve os copinhos de chocolate na posição normal.

Coloque os pedaços de bolo nos copinhos. Misture o café com o vinho ou licor e despeje sobre o recheio.

Prepare a cobertura. Bata o mascarpone com o açúcar e a essência de baunilha. Junte o café e o creme de leite, batendo até homogeneizar. Coloque em um saco de confeiteiro com bico estrela pequeno, decore os copinhos e polvilhe o chocolate ralado.

Sirva imediatamente ou conserve na geladeira por até 6 horas.

Variação: copinho de trufa. Prepare as forminhas de chocolate como descrito acima. Corte uma fatia de 100 g de pão de ló ao meio e espalhe 4 colheres (chá) de geleia de framboesa ou morango sobre cada uma. Corte em cubos pequenos e coloque nos copinhos de chocolate. Regue com 4 colheres (sopa) de xerez e polvilhe 2 colheres (sopa) de amêndoa picada. Coloque 1 colher (sopa) de creme de baunilha em cada copinho. Bata 150 ml de creme de leite fresco com 1 colher (sopa) de açúcar de confeiteiro até começar a engrossar. Distribua com uma colher ou com um saco de confeitar sobre os copinhos e decore com lâminas de amêndoa tostada e picada.

muffin de coco

24 unidades
Preparo: **15 minutos**
Cozimento: **8 minutos**

- 150 g de **farinha de trigo com fermento**
- ½ colher (chá) de **bicarbonato de sódio**
- 75 g de **açúcar**
- 50 g de **coco ralado fresco** adoçado, mais 3 colheres (sopa) para polvilhar
- 50 g de **gotas de chocolate branco**
- 150 ml de **iogurte grego de baunilha** ou iogurte aromatizado com algumas gotas de essência de baunilha
- 1 **ovo**
- 4 colheres (sopa) de **óleo de girassol**
- 3 colheres (sopa) de **geleia de morango**

Distribua forminhas de papel em duas fôrmas para minimuffin com 12 cavidades cada.

Peneire a farinha e o bicarbonato em uma vasilha. Adicione o açúcar, o coco e as gotas de chocolate.

Misture o iogurte, o ovo e o óleo, e junte aos ingredientes secos. Distribua a massa nas forminhas.

Asse em forno preaquecido a 190°C por 6-8 minutos, até os minimuffins crescerem e firmarem. Transfira para uma grade para esfriar.

Pincele os muffins com geleia de morango enquanto ainda estiverem quentes. Polvilhe o restante do coco ralado.

Variação: muffin de chocolate branco e morango. Pique 100 g de chocolate branco e 100 g de morango desidratado (ou fresco). Distribua forminhas de minicupcake em uma fôrma com 12 cavidades. Misture 225 g de farinha de trigo com fermento e 1 colher (chá) de fermento em pó em uma vasilha, depois junte 50 g de açúcar e os ingredientes picados. Bata 1 ovo com 50 g de manteiga sem sal derretida e 100 ml de leite. Misture ligeiramente aos ingredientes secos, juntando mais um pouco de leite se necessário. Distribua nas forminhas e leve ao forno a 200°C por 15 minutos, até os bolinhos crescerem bem e começarem a dourar. Sirva polvilhado com açúcar de confeiteiro.

bolinho de Páscoa

12 unidades
Preparo: **30 minutos**, mais o tempo para hidratar as frutas e esfriar
Cozimento: **30 minutos**

200 g de **frutas secas**
3 colheres (sopa) de **conhaque** ou **licor de laranja**
125 g de **manteiga sem sal** amolecida (p. 13)
50 g de **açúcar mascavo**
1 pedaço de **gengibre em conserva** picado, mais 2 colheres (sopa) da calda da conserva
2 **ovos**
150 g de **farinha de trigo com fermento**
½ colher (chá) de **fermento em pó**
½ colher (chá) de **noz-moscada** ralada na hora
325 g de **marzipã**
açúcar de confeiteiro para polvilhar

Hidrate as frutas secas com o conhaque ou licor por 1 hora. Distribua forminhas de papel em uma fôrma para muffin com 12 cavidades.

Misture a manteiga, o açúcar, o gengibre e os ovos. Peneire por cima a farinha de trigo, o fermento e a noz-moscada. Bata até a massa ficar lisa e cremosa. Adicione as frutas e o líquido restante e mexa bem.

Estique 100 g de marzipã com um rolo de macarrão e corte em 12 fatias. Distribua metade da massa do bolo nas forminhas e alise a superfície. Ponha uma fatia de marzipã em cada forminha e cubra com o restante da massa.

Asse em forno preaquecido a 180°C por 25 minutos, até os bolinhos firmarem. Transfira para uma grade para esfriar.

Abra o restante do marzipã sobre uma superfície ligeiramente polvilhada com açúcar de confeiteiro, deixando-o bem fino, e corte 12 círculos com 5 cm de diâmetro. Pincele os bolinhos com a calda de gengibre e cubra-os com um círculo de marzipã; finalize com rosinhas feitas com o marzipã enrolado em espiral. Distribua-os sobre uma assadeira e toste ligeiramente sob uma grelha em temperatura média. Polvilhe o açúcar de confeiteiro.

Variação: bolinho de Páscoa com damasco e laranja. Prepare a massa como acima, mas substitua a noz-moscada por raspas finas de 1 laranja e as frutas secas por 100 g de damasco seco picado e 100 g de uva-passa. Depois de assar, cubra com marzipã, pincele com calda de gengibre, polvilhe lâminas de amêndoa e grelhe. Polvilhe o açúcar de confeiteiro.

bolinho natalino

16 unidades
Preparo: **40 minutos**, mais o tempo para esfriar
Cozimento: **15 minutos**

50 g de **manteiga sem sal** amolecida (p. 13)
50 g de **açúcar mascavo escuro**
1 **ovo**
65 g de **farinha de trigo com fermento**
½ colher (chá) de **mix de especiarias em pó** (p. 20)
¼ de colher (chá) de **fermento em pó**
65 g de **frutas secas**
15 g de **castanha-do-pará** picada
2 colheres (sopa) de **conhaque** ou **licor de laranja**
2 colheres (sopa) de **geleia de damasco**
1 colher (chá) de **água** quente
250 g de **marzipã**
150 g de **açúcar de confeiteiro** peneirado, mais um pouco para polvilhar
confeitos de bolinhas prateadas, para decorar

Distribua 16 forminhas de silicone para minimuffin em uma assadeira.

Misture a manteiga, o açúcar e o ovo, peneire por cima a farinha, as especiarias e o fermento e bata até a massa ficar leve e cremosa. Misture as frutas secas e a castanha-do-pará. Disponha a massa nas forminhas.

Asse em forno preaquecido a 180°C por 15 minutos, ou até os bolinhos crescerem e firmarem. Deixe nas forminhas por 2 minutos e transfira para uma grade para acabar de esfriar.

Fure os bolinhos com um garfo e despeje o conhaque ou licor de laranja. Nesta etapa, podem ser armazenados em recipiente fechado por até uma semana.

Misture a geleia de damasco com a água quente e pincele os bolinhos. Abra o marzipã sobre uma superfície polvilhada com açúcar de confeiteiro e faça círculos de 4 cm. Pressione-os sobre os bolinhos.

Bata o açúcar de confeiteiro com água fria suficiente para obter um glacê. Decore os bolinhos e finalize com os confeitos prateados.

Variação: arvorezinhas de Natal. Faça os bolinhos como na receita acima. Abra finamente 100 g de marzipã verde sobre uma superfície polvilhada com açúcar de confeiteiro. Corte 16 árvores de Natal e reserve por 2-3 horas em uma travessa forrada com papel-manteiga, para firmar. Polvilhe os bolinhos com açúcar de confeiteiro e decore cada um com uma árvore de Natal. Faça guirlandas de marzipã vermelho e complete com confeitos prateados.

biscoitos e cookies

biscoitinho vienense

16 unidades
Preparo: **20 minutos**,
mais o tempo para esfriar
Cozimento: **20 minutos**

200 g de **manteiga sem sal** amolecida (p. 13)
50 g de **açúcar**
250 g de **farinha de trigo** peneirada
1 colher (chá) de **essência de baunilha**
3 colheres (sopa) de **geleia de framboesa ou morango**
açúcar de baunilha (p. 168), para polvilhar

Distribua 16 forminhas de silicone para minimuffin em uma assadeira.

Bata a manteiga com o açúcar até a mistura ficar bem clara e cremosa. Adicione a farinha e a baunilha e continue batendo até formar uma massa lisa. Transfira a massa para um saco de confeitar com bico estrela de 1 cm e coloque um pouco no fundo de cada forminha. Complete com um acabamento em forma de ninho sobre cada biscoito.

Asse em forno preaquecido a 180°C por 15-20 minutos, ou até começar a dourar. Mantenha por 5 minutos nas forminhas e transfira para uma grade. Com o dedo, faça uma cova no centro dos "ninhos". Deixe esfriar.

Coloque um pouco de geleia no centro de cada "ninho" e polvilhe açúcar de baunilha.

Variação: biscoitinho de chocolate com avelã. Prepare a massa como na receita acima, mas substitua 25 g de farinha de trigo por 25 g de cacau em pó. Distribua a massa nas forminhas e, com o polegar, faça uma cova no centro de cada biscoito. Leve ao forno como indicado e deixe esfriar. Coloque 5 colheres (sopa) de creme de avelã com chocolate em um saco de confeitar com bico estrela pequeno e desenhe uma espiral no centro de cada biscoito.

florentina

48 unidades
Preparo: **30 minutos**, mais o tempo para esfriar e assentar
Cozimento: cerca de **20 minutos**

- 150 g de **manteiga sem sal**, mais um pouco para untar
- 175 g de **açúcar**
- 4 colheres (sopa) de **creme de leite fresco**
- 75 g de **casca de limão cristalizada** e **laranja cristalizada**
- 50 g de **cereja em conserva** picada
- 50 g de **amêndoa em lâminas**
- 40 g de **cranberry** seco
- 25 g de **pinhole**
- 50 g de **farinha de trigo** peneirada
- 150 g de **chocolate meio amargo**
- 150 g de **chocolate branco**

Unte duas assadeiras grandes e forre com papel-manteiga.

Derreta a manteiga com o açúcar em fogo brando. Aumente o fogo e, assim que ferver, retire e acrescente o creme de leite, as frutas cristalizadas, a cereja, a amêndoa, o cranberry, o pinhole e farinha. Misture ligeiramente.

Faça 12 montinhos de massa nas assadeiras (cerca de ¼ da massa), deixando espaço entre eles para crescerem.

Asse em forno preaquecido a 180°C por 7 minutos. Tire as assadeiras do forno.

Corte os biscoitos, formando círculos de 5 cm de diâmetro. Leve de volta ao forno por mais 3-4 minutos, até dourar em volta. Retire do forno, espere 2 minutos e, com uma espátula, transfira os biscoitos para uma superfície forrada com papel-manteiga. Deixe esfriar. Trabalhe da mesma forma com o restante da massa.

Derreta o chocolate meio amargo e o branco em panelas separadas (p. 14). Decore os biscoitos com os chocolates e reserve até assentar.

Variação: florentina de pistache e chocolate branco. Mergulhe 50 g de pistache com casca em água fervente por 1 minuto. Escorra, esfregue em papel-toalha para remover a pele e pique o pistache. Faça as florentinas como na receita acima, mas substitua o pinhole por pistache e o cranberry por 25 g de uva-passa. Derreta 250 g de chocolate branco picado e banhe as bordas das florentinas. Deixe descansar sobre papel-manteiga e sirva.

biscoitinho de pimenta e cardamomo

24 unidades
Preparo: **15 minutos**
Cozimento: **12 minutos**

10 **bagas de cardamomo**
2 **claras**
2 colheres (chá) de **maisena**
½ colher (chá) de **pimenta vermelha em pó**
125 g de **açúcar**
70 g de **amêndoa** moída

Unte e forre uma assadeira grande com papel--manteiga.

Amasse as bagas de cardamomo para liberar as sementes. Retire as cascas e soque as sementes até formar um pó fino.

Bata as claras em neve. Peneire a maisena e a pimenta sobre as claras e polvilhe o cardamomo triturado. Junte o açúcar e a amêndoa e misture delicadamente, formando uma massa grudenta.

Coloque a massa em um saco de confeitar com bico simples de 1 cm e faça biscoitos em forma de palito com 5 cm de comprimento, direto na assadeira.

Asse em forno preaquecido a 180°C por 10-12 minutos, até ficarem crocantes e levemente dourados. Transfira para uma grade para esfriar.

Variação: biscoitinho de avelã e laranja. Triture 75 g de avelã no processador ou liquidificador. Faça a massa como na receita acima, mas substitua o cardamomo e a pimenta por raspas finas de 1 laranja misturadas com açúcar e troque a amêndoa pela mesma quantidade de avelã.

biscoitinho de laranja

Cerca de **80** unidades
Preparo: **10 minutos**, mais o tempo para esfriar
Cozimento: **12 minutos**

250 g de **farinha de trigo** peneirada, mais um pouco para polvilhar
175 g de **manteiga sem sal** gelada e cortada em cubinhos, mais um pouco para untar
2 colheres (chá) de **água** fria
raspas de 1 **laranja**
½ colher (chá) de **mix de especiarias em pó** (p. 20)
75 g de **açúcar**

Para servir
2 colheres (chá) de **açúcar de confeiteiro**
1 colher (chá) de **cacau em pó**

Unte e forre duas assadeiras grandes com papel--manteiga.

Bata a farinha e a manteiga no processador até obter uma farofa. Adicione a água e os demais ingredientes e misture para formar a massa.

Abra a massa em uma superfície enfarinhada na espessura de 2,5 mm. Corte cerca de 80 círculos com 1,5 cm de diâmetro e acomode-os nas assadeiras.

Asse em forno preaquecido a 200°C por 10-12 minutos, ou até dourar. Desenforme com cuidado e reserve sobre uma grade para esfriar.

Misture o açúcar de confeiteiro com o cacau em pó e polvilhe os biscoitinhos um pouco antes de servir.

Variação: biscoitinho de limão e cardamomo. Soque 10 bagas de cardamomo no pilão para soltar as sementes. Tire as cascas e triture as sementes até formar um pó fino. Faça os biscoitinhos como na receita acima, mas substitua a casca de laranja e as especiarias em pó por raspas finas de 1 limão-siciliano e cardamomo e usando suco de limão no lugar da água. Sirva polvilhado com açúcar de confeiteiro.

biscoitinho apaixonado

Cerca de **20** unidades
Preparo: **30 minutos**, mais o tempo para gelar e esfriar
Cozimento: **8 minutos**

275 g de **farinha de trigo** peneirada, mais um pouco para polvilhar
200 g de **manteiga sem sal** gelada e cortada em cubinhos, mais um pouco para untar
100 g de **açúcar de confeiteiro** peneirado
2 **gemas**
2 colheres (chá) de **essência de baunilha**

Para o creme de manteiga
50 g de **manteiga sem sal** amolecida (p. 13)
75 g de **açúcar de confeiteiro** peneirado, mais um pouco para polvilhar
1 colher (chá) de **água** fervente
algumas gotas de **corante alimentício cor-de-rosa**
1-2 colheres (chá) de **água de rosas**

Unte duas assadeiras.

Bata a farinha e a manteiga no processador até obter uma farofa. Acrescente o açúcar, as gemas e a baunilha e continue processando, até formar uma massa lisa. Envolva em filme de PVC e refrigere por pelo menos 1 hora.

Abra metade da massa em uma superfície enfarinhada, até ficar com 2,5 mm de espessura. Faça corações usando um cortador nesse formato, com 4 cm de largura. Acomode os biscoitos na assadeira. Abra o restante da massa e corte mais corações, distribuindo-os na segunda assadeira. Junte e abra as sobras de massa; se for possível, corte mais alguns corações.

Asse no forno preaquecido a 200°C por 8 minutos, até começarem a dourar nas bordas. Transfira para uma grade para esfriar.

Prepare o creme de manteiga. Derreta a manteiga com o açúcar de confeiteiro. Junte a água fervente, o corante cor-de-rosa e água de rosas em quantidade suficiente para dar um sabor delicado e bata até que a mistura fique clara e cremosa. Una dois biscoitos com creme no meio. Sirva polvilhado com açúcar de confeiteiro.

Variação: biscoitinho de gengibre e torrone. Faça os biscoitos como na receita acima, mas substitua a essência de baunilha por 2 colheres (sopa) de gengibre ralado; corte círculos de 4 cm. Para o recheio, derreta em banho-maria 75 g de torrone em 1 colher (sopa) de leite. Retire e deixe esfriar. Em outra vasilha, bata 25 g de manteiga amolecida com 25 g de açúcar de confeiteiro até formar uma pasta lisa. Misture com o torrone e recheie os biscoitos como indicado.

pretzel com três chocolates

40 unidades
Preparo: **30 minutos**, mais o tempo para crescer e assentar
Cozimento: **8 minutos**

15 g de **manteiga** derretida
225 g de **farinha de trigo** especial para pães, mais um pouco para polvilhar
1 colher (chá) de **fermento biológico fresco**
2 colheres (chá) de **açúcar**
uma pitada generosa de **sal**
100 ml de **água** morna
75 g de **chocolate meio amargo** em pedaços
75 g de **chocolate ao leite** em pedaços
75 g de **chocolate branco** em pedaços

Para a cobertura
2 colheres (sopa) de **água**
½ colher (chá) de **sal**

Unte duas assadeiras grandes.

Misture a manteiga, a farinha, o fermento, o açúcar e o sal. Adicione água aos poucos, até formar uma massa lisa. Sove por 5 minutos sobre uma superfície ligeiramente enfarinhada, até a massa ficar macia e elástica.

Divida a massa em quatro e corte cada parte em dez pedaços. Faça cordões de 20 cm de comprimento com cada um. Forme um arco largo, puxando uma das pontas em direção ao centro, como para fazer um laço; aperte ligeiramente a ponta para selar. Faça o mesmo com a outra ponta, passando-a por cima da primeira. Distribua nas assadeiras. Cubra com filme de PVC levemente untado com óleo e deixe crescer por 30 minutos em local quente.

Dissolva o sal na água. Pincele os minipretzels e asse-os em forno preaquecido a 200°C por 6-8 minutos, até dourar. Transfira para uma grade para esfriar.

Derreta os três chocolates em panelas separadas (p. 14) e despeje primeiro o meio amargo em fios sobre os minipretzels. Deixe assentar e repita com os outros dois chocolates. Conserve por 2 dias em recipiente hermético.

Acompanhamento: dip de chocolate. Dissolva 150 g de açúcar mascavo com 100 ml de água em fogo brando. Deixe ferver por 4 minutos, até formar um xarope. Tire do fogo e junte 2 colheres (sopa) de água. Leve de volta ao fogo e mexa até ficar liso. Acrescente 50 g de manteiga sem sal e 200 g de chocolate meio amargo picado e aqueça em fogo brando, mexendo até o chocolate dissolver. Misture 100 ml de creme de leite fresco e sirva como acompanhamento para os minipretzels.

bocadinho de caramelo

16 unidades
Preparo: **15 minutos**,
mais o tempo para gelar
Cozimento: **20 minutos**

75 g de **manteiga sem sal** amolecida (p. 13)
75 g de **açúcar**
1 **gema**, mais 1 colher (sopa) da **clara**
150 g de **farinha de trigo com fermento** peneirada, mais um pouco para polvilhar
8 **caramelos** cortados ao meio
açúcar de confeiteiro, para polvilhar

Distribua 16 forminhas de silicone para minimuffin em uma assadeira.

Bata a manteiga com o açúcar até a mistura ficar clara e fofa. Adicione, ainda batendo, a gema e a clara de ovo e por último a farinha, até formar uma massa firme. Forme uma bola, envolva em filme de PVC e leve à geladeira por 30 minutos.

Divida a massa ao meio e distribua metade nas forminhas, pressionando. Coloque um pedaço de caramelo no centro de cada uma. Com as mãos enfarinhadas, forme 16 bolinhas com a outra metade da massa. Achate-as para obter círculos de 5 cm de diâmetro. Cubra o recheio de caramelo com os círculos de massa e pressione bem as bordas.

Asse em forno preaquecido a 190°C por 15-20 minutos, ou até crescer um pouco. Mantenha nas forminhas por 5 minutos, retire e transfira para uma grade para esfriar. Sirva polvilhado com açúcar de confeiteiro.

Variação: bocadinho de chocolate duplo. Prepare a massa como na receita acima, mas substitua 45 g da farinha por 25 g de cacau em pó. Monte os biscoitos, mas em vez de caramelo use quadradinhos de chocolate meio amargo ou ao leite. Sirva polvilhado com cacau em pó.

biscoitinho de amêndoa

20 unidades
Preparo: **10 minutos**, mais o tempo para gelar e esfriar
Cozimento: **20 minutos**

- 100 g de **manteiga sem sal** amolecida (p. 13), mais um pouco para untar
- 50 g de **açúcar**
- 1 **gema**
- 200 g de **farinha de arroz integral**, mais um pouco para polvilhar
- 1 colher (sopa) de **amêndoa** moída
- 50 g de **chocolate branco** ralado
- 2 colheres (chá) de **açúcar de confeiteiro**, para polvilhar

Unte e forre duas assadeiras com papel-manteiga.

Bata a manteiga com o açúcar. Adicione a gema, sem parar de bater, e em seguida os demais ingredientes. Forme uma bola com a massa, envolva em filme de PVC e refrigere por 1 hora.

Sove a massa em uma superfície enfarinhada para amaciar um pouco. Faça 20 bolinhas, coloque-as na assadeira e achate-as ligeiramente com um garfo.

Asse em forno preaquecido a 180°C por 20 minutos, ou até dourar. Deixe esfriar sobre uma grade. Polvilhe açúcar de confeiteiro e sirva.

Variação: biscoitinho de chocolate. Bata 125 g de manteiga sem sal amolecida com 125 g de açúcar mascavo, 1 ovo, 1 colher (chá) de essência de baunilha, 125 g de farinha de trigo com fermento peneirada e 125 g de cacau em pó. Adicione 100 g de chocolate meio amargo ou ao leite picado e misture. Distribua em duas assadeiras untadas. Leve ao forno a 200°C, por 10 minutos, até começar a escurecer nas bordas. Transfira para uma grade para esfriar e sirva polvilhado com cacau em pó.

biscotti de pistache

24 unidades
Preparo: **15 minutos**, mais o tempo para gelar e esfriar
Cozimento: **30 minutos**

25 g de **manteiga sem sal** amolecida (p. 13), mais um pouco para untar
50 g de **açúcar**
raspas de **1 limão-siciliano**
125 g de **farinha de trigo com fermento**
½ colher (chá) de **fermento em pó**
1 gema, mais 1 colher (sopa) da **clara**
65 g de **pistache** descascado e grosseiramente picado (p. 70)

Unte uma assadeira.

Bata a manteiga com o açúcar e as raspas de limão. Peneire por cima a farinha e o fermento. Acrescente a gema, a clara e o pistache e amasse até formar uma massa macia.

Divida a massa ao meio. Faça dois rolos, com 15 cm de comprimento cada. Coloque na assadeira, mantendo distância entre eles, e achate-os até ficarem com a espessura de 1 cm.

Asse em forno preaquecido a 160°C por 20 minutos, até crescer e dourar ligeiramente. Retire e deixe esfriar por 10 minutos, mantendo o forno aceso. Com uma faca serrilhada, corte os biscoitos em fatias de 1 cm. Leve de volta ao forno, com as fatias deitadas na assadeira, e asse por mais 10 minutos. Transfira para uma grade para esfriar. Os biscotti podem ser conservados até 1 semana em recipiente hermético.

Variação: cookie de aveia e nozes. Misture 50 g de farinha com fermento, 50 g de farinha de aveia, 40 g de nozes picadas e ¼ de colher (chá) de bicarbonato de sódio. Leve ao fogo brando 50 g de manteiga sem sal com 50 g de açúcar e 1 colher (sopa) de melado, até a manteiga derreter. Junte os ingredientes secos e misture bem. Forme bolinhas de massa com uma colher e acomode-as, bem separadas, em uma assadeira untada. Asse em forno preaquecido a 160°C por 15 minutos, ou até começar a dourar. Retire do forno e transfira para uma grade para esfriar.

biscoitinho de aniversário

12 biscoitos (4 trouxinhas)
Preparo: **50 minutos**, mais o tempo para gelar e firmar
Cozimento: **18 minutos**

200 g de **manteiga sem sal** gelada e cortada em cubinhos, mais um pouco para untar
275 g de **farinha de trigo** peneirada, mais um pouco para polvilhar
100 g de **açúcar mascavo**
2 colheres (chá) de **gengibre ralado**
2 **gemas**
2 colheres (chá) de **essência de baunilha**

Para decorar
150 g de **açúcar de confeiteiro** peneirado
5-6 colheres (chá) de **suco de limão**
açúcar cristal de várias cores
laço de fita, de 2 cores, para embrulhar as trouxinhas

Unte e forre uma assadeira com papel-manteiga.

Bata a farinha e a manteiga no processador até obter uma farofa. Adicione o açúcar, o gengibre, as gemas e a essência de baunilha, e processe até obter uma massa lisa. Envolva em filme de PVC e refrigere por pelo menos 1 hora.

Abra a massa sobre uma superfície levemente enfarinhada até ficar entre 2,5 mm e 5 mm de espessura. Transfira para a assadeira. Apare as bordas e corte em retângulos de 12 cm x 5 cm.

Asse em forno preaquecido a 180°C até crescer e começar a dourar. Corte novamente seguindo as linhas marcadas e reserve sobre uma grade para esfriar.

Bata o açúcar de confeiteiro com suco de limão até o ponto em que forme uma camada fina nas costas de uma colher. Desenhe com o glacê na superfície dos biscoitos, deixando-o cair de uma colher, e cubra as laterais.

Polvilhe os biscoitos com o açúcar colorido, retirando o excesso, e mergulhe as laterais em açúcar da mesma cor. Mantenha em local fresco por 2 horas, sobre papel-manteiga, para firmar e esfriar. Empilhe alguns biscoitos e prenda os montinhos com o laço de fita.

Variação: biscoitinho cremoso de gengibre. Prepare a massa como na receita acima, abra e corte em círculos de 6 cm. Asse como indicado. Bata 75 g de manteiga sem sal amolecida (p. 13) com 100 g de açúcar de confeiteiro e ½ colher (chá) de essência de baunilha até formar uma pasta lisa e cremosa. Monte sanduichinhos com os biscoitos, usando o creme como recheio.

tacinha de champanhe

16 unidades
Preparo: **45 minutos**, mais o tempo para esfriar
Cozimento: **15 minutos**

200 g de **manteiga sem sal** gelada e cortada em cubinhos, mais um pouco para untar
275 g de **farinha de trigo** peneirada, mais um pouco para polvilhar
100 g de **açúcar de confeiteiro**
2 **gemas**
2 colheres (chá) de **essência de baunilha**

Para decorar
algumas gotas de **corante alimentício cor-de-rosa**, líquido ou em pasta
açúcar cristal colorido
confeitos de bolinha rosa metálico

Para o creme de manteiga
1 xícara de **açúcar de confeiteiro** peneirado
⅓ de xícara de **manteiga sem sal** amolecida (p. 13)

Unte e forre uma assadeira com papel-manteiga.

Bata a farinha e a manteiga no processador até obter uma farofa. Adicione o açúcar, as gemas e a essência de baunilha, e processe até obter uma massa lisa. Envolva em filme de PVC e refrigere por pelo menos 1 hora.

Recorte o desenho de uma taça com 10 cm x 8 cm como molde. Abra a massa em uma superfície ligeiramente enfarinhada. Corte as tacinhas e acomode--as na assadeira, mantendo distância entre elas. Junte as aparas de massa e corte mais tacinhas, até obter 16.

Asse em forno preaquecido a 180°C até começar a dourar. Retire e reserve sobre uma grade para esfriar.

Bata o corante com o creme de manteiga e faça o contorno das tacinhas usando o saco de confeitar com bico simples fino. Espalhe um pouco de creme no centro das tacinhas. Polvilhe açúcar cristal colorido e faça pontinhos de glacê para simular as bolhas do champanhe. Finalize com os confeitos de bolinha.

Variação: miniabóboras do Dia das Bruxas. Prepare a massa como na receita acima, mas substitua o açúcar de confeiteiro por açúcar mascavo e adicione ½ colher (chá) de mix de especiarias em pó (p. 20) e ½ colher (chá) de gengibre moído. Abra a massa e recorte abóboras, usando um molde ou modelando à mão. Corte pequenos triângulos para aplicar no lugar dos olhos, nariz e boca. Asse como indicado. Faça um glacê com açúcar de confeiteiro e água até o ponto em que forme uma camada grossa nas costas de uma colher. Junte algumas gotinhas de corante alimentício laranja e aplique o glacê com um saco de confeitar, acompanhando o formato dos biscoitos.

estrela cadente

24 unidades
Preparo: **1 hora**, mais o tempo para gelar, esfriar e assentar
Cozimento: **15 minutos**

200 g de **manteiga sem sal** gelada e cortada em cubinhos, mais um pouco para untar
275 g de **farinha de trigo** peneirada, mais um pouco para polvilhar
100 g de **açúcar mascavo**
2 colheres (chá) de **gengibre ralado**
2 **gemas**
2 colheres (chá) de **essência de baunilha**

Para decorar
200 g de **açúcar de confeiteiro**
5 colheres (chá) de **água**
algumas gotas de **corante alimentício amarelo e laranja**, líquido ou em pasta
corante alimentício dourado

Unte e forre duas assadeiras com papel-manteiga.

Bata a farinha e a manteiga no processador até obter uma farofa. Adicione o açúcar, o gengibre, as gemas e a essência de baunilha, e processe até obter uma massa lisa. Envolva em filme de PVC e refrigere por pelo menos 1 hora.

Abra a massa em uma superfície enfarinhada e corte estrelas cadentes, usando um cortador nesse formato. Coloque-as nas assadeiras, mantendo distância entre elas. Junte as aparas, abra a massa e corte-a novamente até obter 24 estrelas.

Asse em forno preaquecido a 180°C por 15 minutos ou até crescer um pouco e começar a dourar. Reserve sobre uma grade para esfriar.

Bata o açúcar de confeiteiro com água fria suficiente – cerca de 5 colheres (chá) – para formar um glacê espesso, mas macio. Divida-o em duas vasilhas e misture corante laranja em uma e corante amarelo na outra. Coloque em dois sacos de confeitar com bico simples; pinte as estrelas e faça riscos horizontais na cauda, para simular movimento. Reserve em local fresco por 30 minutos. Finalize com o corante dourado.

Variação: biscoitinho de Natal. Abra a massa como acima e corte em formato de árvore de Natal. Distribua nas assadeiras. Toste ligeiramente 50 g de pinhole e arrume-o em fileiras sobre os biscoitos, pressionando um pouco. Asse como indicado. Bata 200 g de açúcar de confeiteiro com água até o ponto em que forme uma camada grossa nas costas de uma colher. Decore os biscoitinhos com glacê e sirva.

sapatos e bolsas

Cerca de **20** unidades
Preparo: **1h15**, mais o tempo para gelar e assentar
Cozimento: **15 minutos**

200 g de **manteiga sem sal** gelada e cortada em cubinhos, mais um pouco para untar
275 g de **farinha de trigo** peneirada, mais um pouco para polvilhar
100 g de **açúcar de confeiteiro**
2 **gemas**
2 colheres (chá) de **essência de baunilha**
1 receita de **glacê real** (p. 15)
algumas gotas de **corante alimentício rosa ou lilás,** líquido ou em pasta
balinhas ou **confeitos cor-de-rosa** variados

Unte e forre duas assadeiras com papel-manteiga.

Faça os moldes para a bolsa e o sapato recortando figuras de uma revista.

Bata a farinha e a manteiga no processador até obter uma farofa. Adicione o açúcar, as gemas e a essência de baunilha, e processe até obter uma massa lisa. Envolva em filme de PVC e refrigere por pelo menos 1 hora. Abra em uma superfície levemente enfarinhada. Corte em torno dos moldes usando uma faquinha afiada e distribua nas assadeiras. Asse em forno preaquecido a 180°C por 15 minutos, ou até os biscoitos começarem a dourar. Retire da assadeira e reserve sobre uma grade. Coloque o glacê em um saco de confeitar com bico simples fino. Contorne as figuras e preencha-as.

Divida o restante do glacê em duas vasilhas. Coloque corante em uma delas; misture algumas gotas de água a cada vasilha até a superfície do glacê ficar plana quando mantida em repouso por 15 segundos. Com uma colher de chá, coloque um pouco do glacê colorido sobre um biscoito e espalhe-o do centro para as margens, preenchendo todos os cantinhos. Faça o mesmo com os outros biscoitos, cobrindo alguns com glacê rosa, outros com o branco. Antes de o glacê secar, decore com os confeitos e balinhas, pressionando delicadamente. Reserve em local fresco por 1 hora. Use o restante do glacê para dar acabamento, desenhar contornos, flores etc.

Variação: biscoito do Dia dos Namorados. Siga a receita acima e corte corações com um cortador nesse formato. Misture algumas gotas de corante cor-de-rosa ao glacê e use-o para decorar os biscoitos.

sapatinhos e mamadeiras para chá de bebê

20 unidades
Preparo: **1 hora**, mais o tempo para esfriar e assentar
Cozimento: **15 minutos**

manteiga, para untar
1 porção de **massa para cookie de baunilha** gelada (p. 230)
farinha de trigo, para polvilhar
1 receita de **glacê real** (p. 15)
5 **balas de goma cor-de--rosa**, cortadas ao meio no sentido do comprimento
75 g de **pasta americana pronta** (ou p. 96) **azul--claro, cor-de-rosa-claro** ou **amarelo-claro**
10 **lacinhos de fita azuis, cor-de-rosa** ou **amarelos**

Copie os moldes de sapatinhos de bebê e mamadeiras da página ao lado para fazer os moldes. Unte e forre duas assadeiras com papel-manteiga. Abra a massa em uma superfície levemente enfarinhada. Coloque os moldes sobre a massa e recorte. Transfira para as assadeiras, deixando um espaço entre os biscoitos. Prepare 20 unidades.

Asse em forno preaquecido a 180°C por 15 minutos, ou até começar a dourar. Transfira para uma grade para esfriar. Coloque um pouco de glacê em um saco de confeitar com bico simples pequeno. Adicione água ao glacê restante até formar uma superfície lisa quando deixado em repouso por 15 segundos.

Aplique uma linha de glacê acompanhando o contorno dos biscoitos. Acrescente uma série de círculos no cano dos sapatinhos e uma linha diagonal no meio das mamadeiras. Com uma colher de chá, cubra metade das mamadeiras com a pasta americana, espalhando com o dorso da colher e cobrindo os cantos com a ajuda de um palito. Espalhe a pasta pela superfície dos sapatinhos do mesmo modo.

Aplique os pedaços de jujuba, com a parte cortada para baixo, no bico das mamadeiras, fixando com glacê. Modele um pedaço de pasta americana para dar acabamento às mamadeiras. Deixe assentar durante 30 minutos. Com o saco de confeitar, desenhe linhas decorativas na superfície e fixe os lacinhos nos biscoitos com o glacê. Deixe assentar por 30 minutos.

cookie com letrinhas

30 unidades
Preparo: **35 minutos**
Cozimento: **5 minutos**, mais o tempo para gelar e esfriar

75 g de **manteiga sem sal** amolecida (p. 13), mais um pouco para untar
75 g de **açúcar**
1 **ovo**
½ colher (chá) de **essência de baunilha**
250 g de **farinha de trigo** peneirada, mais um pouco para polvilhar

Para decorar
375 g de **pasta americana** pronta
açúcar de confeiteiro, para polvilhar
2-3 colheres (sopa) de **geleia de damasco** passada na peneira
glacê real colorido

Unte e forre duas assadeiras com papel-manteiga.

Bata a manteiga com o açúcar até a mistura ficar clara e fofa. Junte, pouco a pouco, o ovo e a essência de baunilha, adicionando um pouco de farinha para não coalhar. Acrescente o restante da farinha e incorpore. Envolva em filme de PVC e refrigere por pelo menos 20 minutos.

Abra a massa na espessura de 2,5 mm em uma superfície levemente enfarinhada. Corte 30 círculos com um cortador de 4-5 cm de diâmetro. Disponha nas assadeiras.

Asse em forno preaquecido a 180°C, até começar a dourar. Transfira para uma grade para esfriar. Abra a pasta americana sobre uma superfície polvilhada com açúcar até a espessura de 2,5 mm. Com o mesmo cortador, mas agora polvilhado com açúcar de confeiteiro, corte 30 círculos. Espalhe a geleia peneirada na superfície dos biscoitos usando um pincel. Cubra com os círculos de pasta americana, pressionando ligeiramente. Com o glacê real, desenhe uma letra sobre cada um, escrevendo uma mensagem ou um nome.

Para fazer pasta americana rápida. Bata 1 colher (sopa) de clara em uma vasilha com 1 colher (sopa) de glicose de milho e 100 g de açúcar de confeiteiro, até formar uma pasta lisa. Aos poucos, misture mais 150 g de açúcar de confeiteiro, mexendo até ficar bem firme. Transfira para uma superfície de trabalho e sove até obter uma pasta lisa e maleável, mas não grudenta. Trabalhe um pouco mais, juntando açúcar de confeiteiro, se necessário. Se desejar, acrescente gotas de corante comestível. Envolva firmemente em vários pedaços de filme de PVC e guarde até a hora de usar.

M
A
R
i
A

bolos em pedacinhos

bocadinho de chocolate branco

36 unidades
Preparo: **15 minutos**
Cozimento: **27 minutos**

- 40 g de **manteiga sem sal**, mais um pouco para untar
- 200 g de **chocolate branco**
- 2 **ovos**
- 65 g de **açúcar de confeiteiro**
- 1 colher (chá) de **essência de baunilha**
- 75 g de **farinha de trigo com fermento** peneirada
- 50 g de **amêndoa** escaldada e picada

Unte e forre com papel-manteiga uma assadeira quadrada de 20 cm.

Pique o chocolate e reserve a metade. Misture a outra metade com a manteiga e derreta em banho-maria.

Bata os ovos com o açúcar e a essência de baunilha em outra vasilha. Sem parar de bater, adicione o chocolate derretido. Acrescente a farinha, a amêndoa e o chocolate reservado e misture bem. Transfira a massa para a assadeira.

Asse em forno preaquecido a 190°C por 25 minutos, ou até dourar e firmar. Espere esfriar completamente antes de tirar da assadeira. Corte em quadrados e sirva.

Variação: brownie de chocolate sem glúten. Unte e forre com papel-manteiga uma assadeira rasa de 28 cm x 20 cm. Pique 200 g de chocolate ao leite. Derreta 200 g de chocolate meio amargo com 200 g de manteiga sem sal, mexendo sem parar até ficar homogêneo. Em outra vasilha, bata 3 ovos com 175 g de açúcar mascavo até formar espuma. Sem parar de bater, incorpore a mistura de chocolate. Adicione 75 g de farinha de trigo sem glúten e 2 colheres (chá) de fermento sem glúten, ambos peneirados. Junte o chocolate picado e 100 g de nozes picadas. Coloque na fôrma, alise a superfície e asse como na receita acima, deixando alguns minutos a mais no forno, se necessário.

bolo de cereja sofisticado

30 unidades
Preparo: **20 minutos**, mais o tempo para gelar e esfriar
Cozimento: **1 hora**

350 g de **massa podre doce** comprada pronta
6 colheres (sopa) de **conserva de cereja**
125 g de **manteiga sem sal** amolecida (p. 13)
125 g de **açúcar**
2 **ovos**
1 colher (chá) de **essência de amêndoa**
100 g de **amêndoa moída**
125 g de **farinha de trigo com fermento**
½ colher (chá) de **fermento em pó**
200 g de **cereja em calda** escorrida e cortada ao meio
40 g de **amêndoa** em lâminas

Para o glacê
50 g de **açúcar de confeiteiro** peneirado
2 colheres (chá) de **suco de limão**

Abra a massa podre em uma superfície levemente enfarinhada até ficar bem fina. Forre o fundo e as laterais de uma assadeira rasa de 28 cm x 18 cm. Leve à geladeira por 30 minutos.

Coloque uma folha de papel-manteiga sobre a base de massa e cubra-a com feijões crus. Asse em forno preaquecido a 200°C por 15 minutos. Retire os feijões e o papel-manteiga e asse por mais 5 minutos. Reduza a temperatura para 180°C.

Espalhe a conserva de cereja sobre a base da torta. Coloque a manteiga, o açúcar, os ovos, a essência de amêndoa e a amêndoa moída em uma vasilha. Adicione a farinha de trigo e o fermento peneirados e bata até ficar liso e cremoso. Junte a cereja em calda.

Despeje delicadamente sobre a camada de conserva de cereja. Alise a superfície com as costas de uma colher e distribua as lâminas de amêndoa. Asse por 40 minutos, até crescer e firmar. Deixe esfriar na fôrma.

Bata o açúcar de confeiteiro com o suco de limão, para o glacê. Desenforme o bolo e regue com essa mistura. Sirva em fatias.

Para fazer conserva de cereja. Cozinhe em fogo baixo e por 5 minutos 500 g de cerejas sem caroço cortadas ao meio com o suco de 2 limões e 2 colheres (sopa) de água, até as frutas ficarem macias. Acrescente 500 g de açúcar cristal e mantenha em fogo baixo até dissolver. Apure por 40 minutos, mexendo de vez em quando, até engrossar. Transfira para potes de geleia e tampe. Espere esfriar e guarde na geladeira por até 3 meses.

bolo tropical de gengibre

20 unidades
Preparo: **30 minutos**, mais o tempo para esfriar
Cozimento: **25 minutos**

150 g de **manteiga**, mais um pouco para untar
125 g de **açúcar mascavo**
3 colheres (sopa) de **melado claro**
250 g de **farinha de trigo com fermento**
1 colher (chá) de **fermento em pó**
3 colheres (chá) de **gengibre ralado**
50 g de **coco ralado**
3 **ovos** batidos
200 g de **abacaxi em calda** escorrido e picado

Para a cobertura de limão
100 g de **manteiga sem sal** em temperatura ambiente
200 g de **açúcar de confeiteiro** peneirado
raspas e suco de **1 limão**

Para decorar
mamão cristalizado e **damasco** seco picados
flocos de coco, para salpicar

Unte e forre com papel-manteiga uma assadeira de 28 cm x 18 cm. Aqueça a manteiga, o açúcar e o melado em fogo brando, mexendo até derreter.

Misture os ingredientes secos em uma vasilha, despeje sobre a manteiga derretida e bata até formar uma pasta lisa. Junte os ovos e, por último, o abacaxi picado.

Asse em forno preaquecido a 180°C por 20 minutos, até crescer e firmar. Deixe esfriar por 10 minutos e desenforme.

Prepare a cobertura de limão batendo a manteiga, o açúcar de confeiteiro, metade das raspas e o suco de limão até formar uma pasta leve. Espalhe a cobertura sobre o bolo. Decore com a outra metade das raspas de limão, o mamão, o damasco e os flocos de coco. Corte em quadrados e sirva.

Variação: bolo de gengibre, aveia e uva-passa. Unte e forre com papel-manteiga uma fôrma de pão com capacidade para 750 g-1 kg. Bata 100 g de manteiga sem sal derretida, 175 ml de leite e 1 ovo. Em outra vasilha, misture 250 g de farinha de trigo, 2 colheres (chá) de fermento em pó, 2 colheres (chá) de gengibre ralado, 150 g de açúcar, 25 g de farinha de aveia e 75 g de uva-passa. Despeje a mistura de leite sobre os ingredientes secos, misture tudo e distribua na fôrma. Asse em forno preaquecido a 180°C por 45 minutos, ou até crescer e firmar. Polvilhe açúcar e sirva em seguida.

quadradinho de tâmara

24 unidades
Preparo: **25 minutos**, mais o tempo para esfriar
Cozimento: **55 minutos**

- 225 g de **tâmara** sem caroço picada
- 150 ml de **água**
- 150 ml de **creme de leite fresco**
- 175 g de **açúcar mascavo**
- 200 g de **manteiga sem sal** amolecida (p. 13), mais um pouco para untar
- 100 g de **açúcar**
- 2 colheres (chá) de **essência de baunilha**
- 3 **ovos**
- 175 g de **farinha de trigo com fermento**
- ½ colher (chá) de **fermento em pó**

Unte e forre com papel-manteiga uma assadeira de 28 cm x 18 cm. Cozinhe 125 g das tâmaras em água, até a fruta se desmanchar. Reserve e deixe esfriar.

Aqueça o creme de leite, o açúcar mascavo e 75 g da manteiga em fogo brando até o açúcar se dissolver. Deixe ferver e apure por 5 minutos, ou até engrossar e caramelizar. Reserve para esfriar.

Bata o restante da manteiga, o açúcar comum, a baunilha e os ovos em outra vasilha. Adicione, peneirando, a farinha de trigo e o fermento, e continue batendo até obter um creme claro. Incorpore as tâmaras e 100 ml do caramelo. Transfira para a assadeira e alise a superfície. Distribua as tâmaras restantes.

Asse em forno preaquecido a 180°C por 25 minutos, ou até firmar. Despeje o restante do caramelo por cima e asse por mais 15 minutos. Sirva frio.

Variação: bolo de maçã. Bata 175 g de manteiga sem sal amolecida, 175 g de açúcar, 200 g de farinha de trigo com fermento peneirada, ½ colher (chá) de fermento em pó, 1 colher (chá) de mix de especiarias em pó (p. 20) e 3 ovos, até obter uma massa lisa e cremosa. Misture 65 g de uva-passa branca e transfira para a assadeira. Descasque 2 maçãs pequenas, corte em fatias e distribua sobre a massa. Asse como indicado, por 40 minutos. Reduza 100 ml de vinho branco no fogo até ficar com cerca de 1 colher (sopa). Espere esfriar e bata com 75 g de açúcar de confeiteiro peneirado, até ficar homogêneo. Espalhe esse glacê sobre o bolo e sirva.

quadradinho delicado de coco

25 unidades
Preparo: **20 minutos**, mais o tempo para esfriar
Cozimento: **40 minutos**

- 100 g de **biscoitos de amêndoa** ou **de coco**
- 40 g de **manteiga sem sal** derretida
- 400 ml de **leite de coco**
- 150 ml de **creme de leite fresco**
- 2 **ovos**, mais 4 **gemas**
- 75 g de **açúcar**
- 15 g de **farinha de trigo**
- 1 colher (chá) de **água de rosas**

Para a cobertura

- 50 g de **goma árabe** em pedacinhos
- **corante alimentício cor-de-rosa** (opcional)

Umedeça uma assadeira quadrada rasa de 18 cm e forre com filme de PVC, inclusive as laterais. Esmague os biscoitos com um rolo e misture os farelos com a manteiga derretida. Distribua essa massa na forma, pressionando para assentar.

Aqueça o leite de coco com o creme de leite em fogo brando até começar a borbulhar. Bata os ovos, as gemas, o açúcar, a farinha e a água de rosas. Adicione o leite de coco ainda quente e bata um pouco mais. Passe pela peneira e distribua sobre a base de biscoito. Coloque uma travessa com água quente na prateleira inferior do forno, previamente aquecido a 160°C, e asse o bolo na prateleira superior por 35 minutos ou até firmar (o centro ainda deve estar macio). Deixe esfriar na assadeira.

Derreta a goma árabe com 2 colheres (sopa) de água em fogo brando, mexendo de vez em quando. Adicione um pouco mais de água, se necessário. Misture uma gota de corante cor-de-rosa e despeje fios sobre o bolo. Corte em quadrados e sirva.

Variação: quadradinho de abacaxi e coco. Bata 175 g de manteiga sem sal amolecida com 175 g de açúcar mascavo, 3 ovos, 200 g de farinha de trigo com fermento peneirada e 1 colher (chá) de canela em pó. Transfira para uma assadeira rasa de 28 cm x 18 cm untada e forrada com papel-manteiga. Salpique pedacinhos de abacaxi cristalizado e asse no forno preaquecido a 180°C por 40 minutos, ou até firmar. Aqueça 5 colheres (sopa) de creme de leite com 50 g de coco fresco ralado até formar uma pasta lisa. Bata com 1 colher (sopa) de suco de limão e 300 g de açúcar de confeiteiro e espalhe sobre o bolo.

bolo amanteigado com geleia

25 unidades
Preparo: **25 minutos**, mais o tempo para gelar e esfriar
Cozimento: **45 minutos**

225 g de **farinha de trigo com fermento**, mais um pouco para polvilhar
175 g de **açúcar de confeiteiro**
2 colheres (sopa) de **açúcar de baunilha** (p. 168), mais um pouco para polvilhar
200 g de **manteiga sem sal**, gelada e cortada em cubinhos, mais um pouco para untar
5 **gemas**
150 g de **geleia de morango**
1 **ovo** batido, para pincelar

Unte e forre com papel-manteiga uma assadeira quadrada de 18-19 cm.

Bata a farinha de trigo e o açúcar de confeiteiro peneirados, o açúcar de baunilha e a manteiga, até obter uma farofa. Acrescente as gemas e continue batendo até formar uma massa grossa. Envolva em filme de PVC e refrigere por 3 horas ou de um dia para o outro.

Distribua metade da massa na assadeira, esticando com os dedos em uma camada uniforme. Espalhe a geleia sobre a massa, deixando 1 cm livre nas bordas.

Abra o restante da massa em uma superfície enfarinhada, formando um quadrado com as mesmas dimensões da assadeira. Coloque sobre a base com geleia e pressione delicadamente. Pincele com o ovo batido e asse em forno preaquecido a 190°C por 40-45 minutos, até crescer e dourar. Mantenha na fôrma até esfriar. Polvilhe açúcar de baunilha, corte em quadradinhos e sirva.

Para fazer geleia de morango. Cozinhe 1 kg de morango com o suco de 4 limões-sicilianos; mantenha em fogo brando por 10 minutos ou até o morango ficar macio. Adicione 1 kg de açúcar cristal e deixe no fogo até o açúcar dissolver. Apure por 15-20 minutos, até obter a consistência de geleia. Para verificar o ponto, coloque 1 colher (chá) em um pires gelado e mantenha por 2 minutos na geladeira. Retire e pressione com o dedo: se enrugar, está no ponto; se não, ferva mais um pouco. Não apure demais, ou perderá o sabor do morango. Transfira para potes esterilizados, tampe e etiquete.

bolo de cenoura exótico

16 unidades
Preparo: **10 minutos**,
mais o tempo para esfriar
Cozimento: **1 hora**

175 g de **farinha de arroz integral**, mais um pouco para polvilhar
2 colheres (chá) de **fermento em pó**
1 colher (chá) de **goma xantana***
1 colher (chá) de **canela em pó**
375 g de **açúcar**
150 ml de **óleo de milho** ou de **canola**
2 **ovos** batidos
gotas de **essência de baunilha**
375 g de **cenoura** ralada
50 g de **coco ralado fresco**
100 g de **abacaxi em calda**, escorrido e amassado
50 g de **uva-passa** branca

Para a cobertura
200 g de **cream cheese**
2 colheres (sopa) de **mel**
75 g de **nozes** moídas (opcional)

* A goma xantana é encontrada em lojas de produtos naturais.

Unte uma assadeira quadrada de 20 cm e polvilhe-a com farinha.

Peneire juntos a farinha, o fermento, a goma xantana e a canela. Acrescente o açúcar, o óleo, os ovos e a baunilha e bata bem. Misture a cenoura, o coco, o abacaxi e a uva-passa. Transfira para a fôrma e alise a superfície.

Asse em forno preaquecido a 180°C por 1 hora. Verifique o cozimento espetando um palito no centro do bolo: se sair limpo, está pronto. Deixe esfriar na assadeira.

Bata o cream cheese com o mel. Com uma espátula, espalhe na superfície do bolo. Polvilhe as nozes, corte em quadradinhos e sirva.

Variação: bolo de manga e gengibre. Faça a massa como na receita acima, mas substitua a canela por 2 colheres (chá) de gengibre ralado. Misture à massa 1 manga madura pequena, descascada e cortada, a cenoura, o coco e 50 g de castanha-do-pará picada. Exclua o abacaxi e a uva-passa e asse como indicado. Pique 50 g de gengibre cristalizado. Faça um glacê com 65 g de açúcar de confeiteiro e 1½-2 colheres (chá) de água. Espalhe sobre o bolo e enfeite com o gengibre picado.

bolo de frutas alemão*

15 unidades
Preparo: **30 minutos**, mais o tempo para crescer
Cozimento: **25 minutos**

40 g de **manteiga com sal**, mais um pouco para untar
175 g de **farinha de trigo especial para pães**, mais um pouco para polvilhar
1 ½ colher (chá) de **fermento biológico seco**
½ colher (chá) de **mix de especiarias em pó** (p. 20)
25 g de **açúcar**
100 ml de **leite** morno
75 g de **uva-passa branca**
25 g de **amêndoa** picada
25 g de **frutas cristalizadas** picadas
150 g de **marzipã**
açúcar de confeiteiro, para polvilhar

* Esse bolo, muito popular na Alemanha, é chamado de stollen.

Unte uma fôrma grande para pão, com base de 26 cm x 12 cm. Misture a farinha, o fermento, as especiarias e o açúcar. Derreta 25 g da manteiga, junte ao leite e despeje sobre os ingredientes secos. Trabalhe até a mistura ficar macia, mas não grudenta. Sove em uma superfície enfarinhada por 10 minutos, até obter uma massa lisa e elástica. Transfira para uma vasilha ligeiramente untada com óleo, cubra com filme de PVC, sem prender na borda, e deixe crescer em local aquecido por 1h30, ou até dobrar de tamanho.

Volte a trabalhar a massa em superfície enfarinhada e incorpore a uva-passa, a amêndoa e as frutas cristalizadas. Cubra com um guardanapo e deixe descansar 10 minutos. Abra a massa, formando um retângulo de 25 cm x 20 cm. Enrole o marzipã, formando um cilindro de cerca de 25 cm de comprimento. Achate-o e coloque-o sobre a massa, deixando uma margem livre de um lado, e enrole. Transfira para a fôrma e pressione delicadamente.

Cubra com filme de PVC, sem prender na borda, unte com óleo e deixe descansar por 30 minutos, para crescer um pouco mais. Retire o filme e asse em forno preaquecido a 220°C por 25 minutos, até crescer e dourar. Espere 5 minutos, vire sobre uma grade e cubra o pão com papel-alumínio. Utilize algo pesado, como dois pacotes de feijão, para fazer pressão sobre o pão, a fim de compactar a massa enquanto esfria. Derreta o restante da manteiga e pincele na superfície. Polvilhe bastante açúcar de confeiteiro.

bocadinho de limão-siciliano

25 porções
Preparo: **15 minutos**
Cozimento: **25 minutos**

125 g de **manteiga sem sal** amolecida (p. 13), mais um pouco para untar
125 g de **açúcar**
raspas finas e suco de 2 **limões-sicilianos** grandes
2 **ovos** batidos
125 g de **farinha de trigo com fermento** peneirada
65 g de **amêndoa moída**
75 g de **açúcar cristal**, para polvilhar

Unte e forre uma assadeira quadrada de 20 cm com papel-manteiga, sem apertar muito. Unte também o papel.

Bata a manteiga, o açúcar e as raspas de limão, até formar uma pasta leve e fofa. Ainda batendo, acrescente pouco a pouco os ovos e um pouco de farinha, para não empelotar. Adicione o restante da farinha e a amêndoa moída, misturando ligeiramente, apenas para incorporar. Distribua a massa na fôrma e alise a superfície.

Asse em forno preaquecido a 180°C por cerca de 25 minutos, apenas até firmar. Desenforme e polvilhe o açúcar cristal sobre o bolo ainda quente, formando uma camada grossa. Regue com o suco de limão. Deixe esfriar, corte em quadrados e sirva.

Variação: bolo de amêndoa e café. Polvilhe 2 colheres (chá) de pó de café sobre 2 colheres (sopa) de água fervente. Prepare a massa como na receita acima, sem as raspas de limão, e despeje na assadeira. Regue o café sobre a massa e, com uma faca, desenhe espirais na superfície, dando uma aparência marmorizada. Misture 50 g de amêndoa em lâminas com 1 colher (sopa) de açúcar e ½ colher (chá) de mix de especiarias em pó (p. 20) e espalhe por cima da massa. Asse como indicado.

quadradinho de romã e gengibre

Cerca de **20** unidades
Preparo: **25 minutos**, mais o tempo para esfriar
Cozimento: **50 minutos**

200 g de **farinha de trigo**
1 colher (chá) de **bicarbonato de sódio**
100 ml de **leite**
1 **ovo**
100 g de **açúcar mascavo escuro**
125 g de **melado escuro**
75 g de **manteiga sem sal**, mais um pouco para untar
3 pedaços de **gengibre em calda** picados

Para a cobertura
300 ml de **suco de romã**
2 colheres (sopa) de **mel**
sementes de 1 **romã**

Unte e forre com papel-manteiga duas fôrmas para pão de 20 cm x 10 cm.

Peneire a farinha e o bicarbonato e reserve. Bata o leite com o ovo. Derreta o açúcar, o melado e a manteiga em fogo brando. Retire do fogo e junte ao ovo batido, adicionando também o gengibre. Derrame a mistura sobre a farinha e incorpore bem todos os ingredientes. Distribua a massa nas fôrmas e alise a superfície.

Asse em forno preaquecido a 160°C por 30 minutos. Teste o cozimento espetando um palito no centro da massa: se sair limpo, retire do forno. Deixe esfriar nas fôrmas.

Ferva o suco de romã por 15 minutos, ou até reduzir a cerca de 3 colheres (sopa). Junte o mel. Espalhe as sementes de romã sobre os bolos. Regue com a calda de romã, corte em quadradinhos e sirva.

Variação: bolo de gengibre com uva-passa e limão. Prepare a massa como na receita acima, mas use apenas 25 ml de leite e espalhe 75 g de uva-passa branca sobre a massa na assadeira. Depois de assado, deixe esfriar e decore com linhas de glacê, feito com 75 g de açúcar de confeiteiro e 2 colheres (chá) de suco de limão.

quadradinho de biscoito e chocolate

36 unidades
Preparo: **10 minutos**, mais o tempo para esfriar e gelar
Cozimento: **15 minutos**

125 g de **manteiga sem sal**, mais um pouco para untar
200 ml de **leite evaporado** ou **leite condensado**, se não encontrar
450 g de **açúcar**
50 ml de **água**
2 colheres (chá) de **essência de baunilha**
75 g de **chocolate meio amargo** picado
8 **biscoitos recheados com chocolate** ou **de chocolate recheados com baunilha**, picados

Unte uma fôrma para pão com capacidade para 500 g.

Aqueça a manteiga, o leite evaporado, o açúcar, a água e a essência de baunilha em fogo brando, mexendo até o açúcar dissolver. Deixe ferver por 10 minutos, sem parar de mexer. Verifique o ponto derramando ½ colher (chá) da mistura em água fria: se formar uma bola, tire do fogo. Rapidamente, despeje metade do creme em um pote refratário. Junte o chocolate à metade que ficou na panela. Mexa para derreter.

Coloque metade do creme com chocolate na fôrma e distribua cuidadosamente metade dos biscoitos por cima. Faça outra camada com a mistura sem chocolate e distribua a outra metade dos biscoitos. Termine com o restante do creme de chocolate. Espere esfriar, cubra com filme de PVC e mantenha na geladeira de um dia para o outro.

Vire o bolo sobre uma superfície plana e corte em quadradinhos.

Variação: quadradinho de chocolate, laranja e nozes. Prepare o creme como na receita acima, mas substitua o chocolate meio amargo por 75 g de chocolate com sabor laranja. No lugar dos biscoitos recheados, use 100 g de nozes picadas. Leve à geladeira, corte em quadradinhos e sirva.

pãozinho de cereja

16 unidades
Preparo: **30 minutos**, mais o tempo para crescer
Cozimento: **25 minutos**

250 g de **farinha de trigo especial para pães**, mais um pouco para polvilhar
2 colheres (chá) de **fermento seco para pão**
40 g de **açúcar**
raspas de 1 **limão-siciliano**
65 g de **manteiga com sal** amolecida (p. 13), mais um pouco para untar
1 **ovo**
100 ml de **leite** morno
½ colher (sal) de **essência de amêndoa**
125 g de **cereja azeda seca**, picada
25 g de **açúcar mascavo**

Para a calda
2 colheres (sopa) de **melado claro**
2 colheres (sopa) de **suco de limão-siciliano**

Misture a farinha, o fermento, o açúcar e as raspas de limão e reserve. Derreta 40 g da manteiga. Bata o ovo com o leite, a manteiga derretida e a essência de amêndoa e despeje sobre os ingredientes secos. Misture até formar uma massa macia, mas não grudenta. Sove-a em uma superfície levemente enfarinhada por 10 minutos, até ficar lisa e elástica.

Transfira para uma vasilha levemente untada com óleo, cubra com filme de PVC e deixe crescer em local quente por 1h30, ou até dobrar de tamanho. Unte uma assadeira quadrada de 18 cm. Enfarinhe levemente a superfície de trabalho e abra a massa em um retângulo de 50 cm x 15 cm. Pincele com manteiga e espalhe a cereja picada e o açúcar mascavo.

Enrole a massa começando pelo lado mais comprido e corte 16 fatias iguais. Transfira para a assadeira, com o lado cortado virado para cima. Cubra com filme de PVC untado com óleo e deixe crescer em local quente por cerca de 1 hora. Asse em forno preaquecido a 220°C por 25 minutos, até crescer e dourar. Deixe 5 minutos na fôrma e transfira para uma grade, para esfriar. Regue com a calda e sirva.

Variação: pãozinho de cardamomo e damasco. Triture 12 bagas de cardamomo com um pilão. Descarte as cascas e soque até obter um pó grosso. Prepare a massa como na receita acima, mas use raspas de laranja no lugar das de limão, o cardamomo no lugar da essência de amêndoa e damasco seco no lugar da cereja. Regue com 50 g de açúcar de confeiteiro misturado com 1½ colher (chá) de suco de laranja e as sementes de 5 bagas de cardamomo.

brownie tentação

10 unidades
Preparo: **15 minutos**
Cozimento: **25 minutos**

- 75 g de **manteiga sem sal**, mais um pouco para untar
- 75 g de **chocolate meio amargo**
- 2 **ovos**
- 250 g de **açúcar**
- 100 g de **farinha de trigo**
- ½ colher (chá) de **fermento em pó**

Unte uma assadeira quadrada de 20 cm e forre-a com papel-manteiga.

Derreta a manteiga e o chocolate em fogo brando. Reserve. Bata o ovo com o açúcar até a mistura ficar clara e cremosa. Adicione o chocolate ao ovo batido. Peneire juntos a farinha e o fermento e misture tudo. Distribua a massa na assadeira e alise a superfície.

Asse em forno preaquecido a 190°C por 25 minutos, ou até o brownie firmar. Teste espetando um palito: se sair limpo, retire do forno. Deixe esfriar na fôrma por 5 minutos, corte em quadrados e sirva.

Variação: brownie de chocolate e café. Pique 100 g de pecãs. Dissolva 2 colheres (chá) de pó de café em 1 colher (sopa) de água quente. Corte 100 g de chocolate ao leite em pedacinhos. Prepare o brownie como na receita acima, mas junte o café à mistura de chocolate derretido com manteiga. Despeje na assadeira e polvilhe o chocolate e as pecãs antes de levar ao forno.

folhados e doces de padaria

tortinha de frutas vermelhas

10-12 unidades
Preparo: **30 minutos**, mais o tempo para gelar e esfriar
Cozimento: **30 minutos**

100 g de **farinha de trigo** peneirada
65 g de **manteiga sem sal**, gelada e cortada em cubinhos
50 g de **açúcar de confeiteiro** peneirado, mais um pouco para polvilhar
3 **gemas**
3 colheres (chá) de **água** fria
250 ml de **creme de leite fresco**
1 colher (chá) de **essência de baunilha**
40 g de **açúcar**
300 g de **morango**, **framboesa** e **groselha**
4 colheres (sopa) de **geleia de groselha**

Bata a farinha com a manteiga no processador até obter uma farofa. Adicione o açúcar de confeiteiro e bata rapidamente. Acrescente 1 gema e 1 colher (chá) de água e misture até formar uma massa macia. Envolva em filme de PVC e refrigere por 1 hora.

Distribua a massa em 10-12 forminhas de minimuffin ou tortinhas com capacidade para 50 ml. Faça bolinhas com a massa e pressione para cobrir o fundo e as laterais das forminhas. Apare o excesso de massa e leve as forminhas à geladeira por 30 minutos.

Cubra a base das tortinhas com papel-manteiga e preencha com grãos de feijão. Asse em forno preaquecido a 200°C por 15 minutos. Tire o papel-manteiga e os feijões e regule o forno para 160°C.

Bata o creme de leite com as gemas restantes, a essência de baunilha e o açúcar. Despeje nas forminhas e leve-as de volta ao forno por mais 15 minutos. Retire logo que o recheio começar a firmar e espere esfriar. Desenforme e cubra as tortinhas com montinhos de frutas. Leve ao fogo a geleia com a água restante até formar uma calda e regue as tortinhas.

Variação: tortinha de pecã e maple syrup. Prepare a massa como na receita acima, mas adicione ½ colher (chá) de mix de especiarias em pó (p. 20). Pressione-a nas forminhas, fazendo uma cavidade no centro. Pique 75 g de pecãs e distribua por cima da massa em cada forminha. Regue as tortinhas com ½ colher (chá) de maple syrup e asse em forno preaquecido a 180°C por 20 minutos, ou até dourar. Tire das forminhas, deixe esfriar e finalize com mais um pouco de maple syrup antes de servir.

profiterole de amêndoa

16 unidades
Preparo: **30 minutos**, mais o tempo para esfriar
Cozimento: **30 minutos**

- 50 g de **manteiga sem sal**, gelada e cortada em cubinhos
- 5 colheres (sopa) de **leite**
- 5 colheres (sopa) de **água**
- 75 g de **farinha de trigo** peneirada
- 2 **ovos** batidos
- 40 g de **amêndoa em lâminas**, mais um pouco para decorar
- 2 colheres (sopa) de **açúcar**
- 150 ml de **creme de leite fresco**
- 2 colheres (sopa) de **licor de amêndoa**
- **açúcar de confeiteiro**, para polvilhar

Distribua 16 forminhas de silicone para minimuffin em uma assadeira. Para a massa, derreta a manteiga com o leite e a água em fogo brando. Deixe levantar fervura e retire do fogo. Adicione a farinha e bata bem, até formar uma bola lisa que solte da panela. Reserve e deixe esfriar. Acrescente o ovo aos poucos, batendo sem parar até a massa ficar macia, e distribua com uma colher (chá) em cada forminha. Espalhe 15 g da amêndoa picada grosseiramente.

Asse em forno preaquecido a 200°C por cerca de 20 minutos, até crescer e dourar. Retire do forno, desenforme e faça um pequeno corte horizontal na lateral. Asse por mais 3 minutos e transfira para uma grade para esfriar. Espalhe o restante da amêndoa em uma assadeira forrada com papel-manteiga e polvilhe o açúcar. Grelhe em temperatura média por 5 minutos, até o açúcar começar a caramelizar. Espere esfriar e triture no processador. Bata o creme de leite com o licor até começar a firmar. Misture com a amêndoa moída e recheie os profiteroles. Polvilhe o açúcar de confeiteiro e enfeite com amêndoa em lâminas.

Para fazer creme de confeiteiro. Ferva 150 ml de creme de leite com 1 colher (chá) de essência de baunilha. Bata 2 gemas com 20 g de açúcar e 1 colher (sopa) de farinha de trigo. Incorpore o creme de leite quente, sem parar de bater. Volte ao fogo brando e mexa até engrossar. Transfira para uma vasilha, cubra com papel-manteiga e leve à geladeira. Recheie os profiteroles.

folhadinho de abacaxi com rum

25 unidades
Preparo: **30 minutos,**
mais o tempo para esfriar
Cozimento: **20 minutos**

½ **abacaxi** bem maduro
50 g de **uva-passa**
3 colheres (sopa) de **mel**
4 colheres (sopa) de **rum**
manteiga, para untar
500 g de **massa folhada pronta**
farinha de trigo, para polvilhar
1 **gema**
200 g de **mascarpone**
2 colheres (sopa) de **açúcar de confeiteiro** peneirado

Descasque o abacaxi e corte-o em rodelas finas. Pique, descartando a parte fibrosa do centro. Misture com a uva-passa, 2 colheres (sopa) de mel e 2 colheres (sopa) de rum.

Unte uma assadeira. Abra um quadrado de massa de 28 cm sobre uma superfície levemente enfarinhada. Apare as bordas e corte 25 quadrados. Pincele o restante do mel batido com a gema.

Asse em forno preaquecido a 220°C por 15 minutos, ou até crescer e dourar. Cave um pequeno buraco no centro dos quadradinhos e asse por mais 5 minutos. Transfira para uma grade e deixe esfriar.

Bata o mascarpone com o açúcar de confeiteiro e o restante do rum e recheie o centro dos quadradinhos. Complete com a mistura de abacaxi e sirva.

Variação: folhadinho de maçã e laranja. Pique 300 g de maçã em cubinhos e leve ao fogo com 100 g de açúcar, as raspas e o suco de 1 laranja. Cozinhe em fogo brando até a maçã começar a ficar macia. Transfira para uma vasilha. Misture 1 colher (chá) de maisena com 1 colher (sopa) de água e junte à calda que ficou na panela. Apure. Despeje sobre a maçã e espere esfriar. Prepare os quadradinhos de massa folhada como na receita acima. Bata 2 colheres (sopa) de açúcar de confeiteiro peneirado com 200 g de cream cheese. Recheie o centro dos quadradinhos e cubra com a compota de maçã antes de servir.

minibomba de chocolate com licor

18 unidades
Preparo: **40 minutos**, mais o tempo para esfriar
Cozimento: **15 minutos**

50 g de **manteiga sem sal**, mais um pouco para untar
150 ml de **água**
65 g de **farinha de trigo** peneirada
2 **ovos** batidos
½ colher (chá) de **essência de baunilha**

Para o recheio
250 ml de **creme de leite fresco**
2 colheres (sopa) de **açúcar de confeiteiro**
4 colheres (sopa) de **licor cremoso de café** ou **uísque**

Para a cobertura
25 g de **manteiga sem sal**
100 g de **chocolate meio amargo** picado
1 colher (sopa) de **açúcar de confeiteiro**
2-3 colheres (chá) de **leite**

Unte uma assadeira grande. Derreta a manteiga com a água em fogo brando. Deixe levantar fervura e junte a farinha. Bata até formar uma bola macia que se solta das laterais. Deixe esfriar por 2 minutos.

Adicione os ovos e a baunilha, aos poucos e batendo continuamente, até obter uma mistura lisa. Coloque a massa em um saco de confeitar grande, com bico simples de 1 cm, e trace linhas de massa com 7 cm de comprimento na assadeira.

Asse em forno preaquecido a 200°C por 15 minutos, ou até as bombas crescerem bem. Faça um corte na lateral de cada uma para liberar o vapor. Recoloque no forno desligado por 5 minutos. Deixe esfriar.

Bata o creme de leite até começar a firmar e adicione, aos poucos, o açúcar de confeiteiro e o licor ou uísque. Recheie as bombas pelo corte lateral, com o saco de confeitar ou uma colher. Para fazer a cobertura, derreta a manteiga, o chocolate e o açúcar em fogo brando. Misture bem o leite e cubra as bombas.

Variação: minibomba cítrica. Prepare a bomba como na receita acima. Para o recheio, substitua o uísque ou licor de café por licor de laranja ou suco de laranja espremido na hora. Recheie as bombas. Coloque 200 g de açúcar de confeiteiro em uma vasilha e adicione suco de limão suficiente para formar um glacê. Teste o ponto: se a mistura formar uma camada espessa nas costas de uma colher, está pronto. Se quiser, pingue uma gota de corante alimentício amarelo. Espalhe sobre as bombas e sirva.

folhadinho de ameixa

24 unidades
Preparo: **40 minutos**
Cozimento: **10 minutos**

75 g de **manteiga sem sal** derretida
100 g de **feta** escorrido e amassado
100 g de **ricota**
50 g de **açúcar**
¼ de colher (chá) de **canela em pó**
1 **ovo** batido
12 folhas de **massa filo**
farinha de trigo, para polvilhar
500 g de **ameixa vermelha** pequena, cortada ao meio e sem caroço
açúcar de confeiteiro, para polvilhar

Unte uma assadeira com um pouco da manteiga derretida. Misture o feta, a ricota, o açúcar, a canela e o ovo.

Abra as folhas de massa filo em uma superfície levemente enfarinhada. Disponha uma delas à sua frente, com a parte mais estreita voltada para você. Cubra as outras com filme de PVC. Pincele a massa com manteiga derretida e corte-a ao meio, formando duas tiras compridas.

Disponha uma colher do recheio um pouco acima do canto inferior esquerdo de cada tira, e uma metade de ameixa por cima. Dobre o canto direito pela diagonal sobre a ameixa, cobrindo o recheio e formando um triângulo. Dobre o canto inferior esquerdo para cima, criando outro triângulo. Continue a dobrar até chegar ao topo do triângulo, com o recheio coberto. Distribua na assadeira e repita com os outros pedaços de massa, até completar outros 23 triângulos e usar todo o recheio. Pincele o restante da manteiga.

Asse em forno preaquecido a 200°C por 10 minutos, ou até dourar e o suco das ameixas começar a escorrer. Polvilhe um pouco do açúcar de confeiteiro e deixe esfriar antes de servir.

Variação: folhadinho de pera e cream cheese. Faça o recheio como na receita acima, mas substitua o feta por 100 g de cream cheese e junte 1 colher (chá) de essência de baunilha à canela. Descasque 3 peras maduras, tire o miolo e corte em cubinhos. Regue com 2 colheres (chá) de suco de limão para que não escureçam. Monte e asse os triângulos como indicado.

quadradinho de limão-siciliano

16 unidades
Preparo: **25 minutos**,
mais o tempo para gelar
e esfriar
Cozimento: **45 minutos**

100 g de **farinha de trigo**,
mais um pouco para polvilhar
175 g de **manteiga sem sal,**
gelada e cortada em
cubinhos
40 g de **açúcar de confeiteiro**
peneirado, mais um pouco
para polvilhar
1 colher (chá) de **água**
1 **gema** e 6 **ovos** batidos
300 g de **açúcar**
raspas e suco de
4 **limões-sicilianos**

Bata a farinha com 50 g da manteiga no processador até obter uma farofa. Adicione o açúcar de confeiteiro, a água e a gema, e continue batendo até obter uma massa macia. Envolva em filme de PVC e refrigere por 30 minutos.

Abra a massa até ficar bem fina sobre uma superfície enfarinhada, e forme um quadrado de 21 cm. Coloque em uma assadeira quadrada de 20 cm, pressionando bem nos cantos.

Asse em forno preaquecido a 200°C por 15 minutos. Retire e baixe a temperatura do forno para 180°C. Aqueça os ovos, o açúcar e o restante da manteiga em fogo brando até o açúcar dissolver. Junte as raspas e o suco de limão e deixe apurar, mexendo por 10-15 minutos. Passe por uma peneira e despeje sobre a massa.

Leve de volta ao forno por 20 minutos, ou até assar. Deixe esfriar completamente na assadeira. Transfira para uma travessa, polvilhe o açúcar de confeiteiro e corte em 16 quadrados para servir.

Variação: quadradinho de limão com merengue. Prepare e asse a massa como na receita acima. Para o recheio, substitua 3 dos 4 limões-sicilianos por 4 limões-taiti, usando as raspas e o suco do mesmo modo. Volte ao forno e depois deixe esfriar. Leve 2 claras, 100 g de açúcar de confeiteiro peneirado e uma pitada de cremor de tártaro ao banho-maria. Bata com um mixer até engrossar. Tire do fogo e bata mais 2-3 minutos, ou até começar a formar montinhos. Espalhe com uma espátula.

cestinha de uva

16 unidades
Preparo: **25 minutos**, mais o tempo para esfriar
Cozimento: **10 minutos**

- 100 g de **uva rosada** sem sementes, descascada e cortada ao meio
- 100 g de **uva branca** sem sementes, descascada e cortada ao meio
- 3 colheres (sopa) de **vinho de sobremesa** ou **suco de uva**
- 25 g de **manteiga sem sal** derretida
- ½ colher (chá) de **canela em pó**
- 3 folhas de **massa filo**
- **farinha de trigo**, para polvilhar
- 100 ml de **creme de leite fresco**
- 100 ml de **iogurte grego tradicional**
- 2 colheres (sopa) de **mel**, mais um pouco para regar

Distribua 16 forminhas de silicone para minimuffin em uma assadeira.

Misture as uvas com o vinho ou suco de uva e reserve. Junte a manteiga derretida e a canela.

Abra as folhas de filo em uma superfície levemente enfarinhada. Posicione uma à sua frente, cobrindo as outras com filme de PVC. Corte em quadrados de 6,5 cm e pincele a manteiga previamente misturada com canela. Corte as outras duas folhas em quadrados do mesmo tamanho e monte camadas sobre os primeiros, ajustando bem para igualar os formatos. Coloque os quadrados nas forminhas, pressionando ligeiramente. Pincele com um pouco mais de manteiga.

Asse em forno preaquecido a 190°C por 10 minutos ou até dourar. Transfira para uma grade para esfriar.

Bata o creme de leite com o iogurte e o mel até começar a firmar. Derrame o líquido das uvas sobre o creme e continue batendo. Coloque o creme nas cestinhas de massa, enfeite com as uvas e finalize com um pouco de mel.

Variação: cestinha de mirtilo com cream cheese. Prepare as cestinhas de massa como na receita acima, mas exclua a canela. Bata 250 g de cream cheese com 1 colher (chá) de essência de baunilha e 2 colheres (sopa) de açúcar de confeiteiro peneirado até formar uma pasta lisa. Transfira para as cestinhas e espalhe alguns mirtilos em conserva por cima. Sirva polvilhado com açúcar de confeiteiro.

minichurros

12 unidades
Preparo: **20 minutos**, mais o tempo para esfriar
Cozimento: **10 minutos**

200 g de **farinha de trigo**
¼ colher (chá) de **sal**
5 colheres (sopa) de **açúcar**
275 ml de **água**
1 **ovo**, batido, mais 1 **gema**
1 colher (chá) de **essência de baunilha**
1 litro de **óleo de girassol**
1 colher (chá) de **canela em pó**

Misture a farinha com o sal e 1 colher (sopa) de açúcar. Ferva a água, retire do fogo e junte os ingredientes secos. Bata bem. Leve novamente ao fogo e mexa até formar uma bola lisa, que se desgruda da panela. Tire do fogo e deixe esfriar por 10 minutos. Bata novamente e junte, aos poucos, o ovo, a gema e a baunilha, até obter uma massa lisa. Coloque em um saco de confeitar grande com bico simples de 1 cm.

Aqueça o óleo em uma frigideira média a 170°C. Se você não tiver termômetro de cozinha, mergulhe uma bolinha de massa no óleo quente: se borbulhar imediatamente, está na temperatura certa. Com o saco de confeitar, molde minichurros retos ou em forma de S no óleo. Frite em pequenas quantidades, cortando a massa que sai do bico com uma tesoura de cozinha. Mantenha no fogo por 2-3 minutos, até subirem à superfície e dourarem. Vire e frite do outro lado, se necessário, para a cor ficar uniforme.

Escorra sobre papel-toalha e polvilhe o restante do açúcar misturado com a canela. Continue fritando e escorrendo até terminar a massa (provavelmente em três etapas). É melhor consumir no mesmo dia.

Acompanhamento: calda de chocolate branco.
Leve ao fogo brando 1 colher (sopa) de açúcar, ½ colher (chá) de gengibre ralado e 5 colheres (sopa) de água. Aqueça até o açúcar dissolver, espere levantar fervura e tire do fogo. Adicione 150 g de chocolate branco picado e mexa até derreter. Incorpore 5 colheres (sopa) de creme de leite fresco. Sirva com os minichurros.

baklava cítrica

24 unidades
Preparo: **30 minutos**, mais o tempo para esfriar e gelar
Cozimento: **35 minutos**

400 g **de massa filo**
farinha de trigo, para polvilhar
125 g de **manteiga sem sal** derretida

Para o recheio
100 g de **nozes picadas**
100 g de **pistache sem casca**, mais um pouco para decorar
100 g de **amêndoa** escaldada
75 g de **açúcar**
½ colher (chá) de **canela em pó**

Para a calda
1 **limão-siciliano**
1 **laranja** pequena
250 g de **açúcar**
uma pitada de **canela em pó**
150 ml de **água**

Toste as nozes, o pistache e a amêndoa para o recheio em uma frigideira sem óleo, por 3-4 minutos ou até começarem a dourar. Espere esfriar, pique e misture com o açúcar e a canela.

Abra as folhas de filo em uma superfície levemente enfarinhada e corte em retângulos, usando como guia uma assadeira de 18 cm x 28 cm. Envolva metade das folhas em filme de PVC para evitar que ressequem. Pincele cada folha restante com manteiga derretida e acomode em camadas na assadeira. Espalhe o recheio. Desembrulhe as folhas reservadas e cubra o recheio, pincelando cada folha de filo com manteiga derretida. Corte a massa em 6 quadrados e os quadrados em 4 triângulos.

Asse em forno preaquecido a 180°C por 30-35 minutos. Cubra com papel-alumínio depois de 20 minutos, para não tostar demais. Enquanto isso, prepare a calda. Descasque as frutas, corte a casca em tirinhas e esprema o suco. Cozinhe as cascas, o suco, o açúcar e a canela com a água em fogo brando, até dissolver o açúcar. Mantenha por 5 minutos, sem mexer.

Regue a massa com a calda quente. Espere esfriar e refrigere por 3 horas. Disponha os triângulos em uma travessa e decore com lâminas de pistache. Conserve na geladeira por até 2 dias.

Variação: baklava com especiarias. Asse a baklava como na receita acima. Junte ao suco de frutas cítricas da calda 1 colher (chá) de grãos de coentro socados no pilão, ¼ colher (chá) de cravo em pó e 1 colher (chá) de água de rosas ou água de flor de laranjeira. Regue a baklava e finalize como indicado.

vol-au-vent de amora e maçã

20 unidades
Preparo: **15 minutos**
Cozimento: cerca de **15 minutos**

75 g de **manteiga sem sal**
75 g de **açúcar**
2 **maçãs** pequenas
200 g de **amora** pequena
1 colher (chá) de **essência de baunilha**
2 colheres (chá) de **suco de limão**
20 **vol-au-vents** feitos na véspera (veja receita ao lado)

Derreta a manteiga em fogo brando. Incorpore o açúcar e mexa até dissolvê-lo. Mantenha no fogo até a mistura começar a caramelizar e retire.

Tire o miolo das maçãs e pique-as. Transfira para a panela com o caramelo e leve de volta ao fogo brando por 3-5 minutos, até a maçã começar a ficar macia. Adicione a amora e mantenha no fogo por mais 1 minuto. Acrescente a essência de baunilha e o suco de limão. Coloque as frutas nos vol-au-vents, pressionando delicadamente. Transfira para uma assadeira e leve ao forno preaquecido a 180°C por 5 minutos, até aquecer por igual.

Reduza a calda que ficou na panela por 5 minutos e despeje sobre as frutas. Polvilhe um pouco de açúcar de confeiteiro e decore com folhas de hortelã ou flores comestíveis.

Variação: vol-au-vent caseiro. Abra 500 g de massa folhada na espessura de 5 mm. Faça círculos com um cortador de 5 cm e distribua em uma assadeira untada. Amasse as sobras de massa e abra novamente para cortar mais círculos. Com um cortador circular de 4 cm, corte superficialmente o centro dos círculos, sem chegar ao fundo da assadeira. Pincele as bordas das cestinhas com gema e asse em forno preaquecido a 220°C por 12 minutos, até crescer e dourar. Tire do forno e levante a massa crescida do centro, abrindo as cestinhas. Leve de volta ao forno por mais 5 minutos. Deixe esfriar completamente e guarde em um recipiente hermético por até 2 dias.

profiterole de gengibre

4 porções de **5** unidades
Preparo: **35 minutos**,
mais o tempo para esfriar
Cozimento: **20 minutos**

50 g de **manteiga sem sal**, mais um pouco para untar
150 ml de **água**
uma pitada de **sal**
65 g de **farinha de trigo** peneirada
2 **ovos**
½ colher (chá) de **essência de baunilha**
250 ml de **creme de leite fresco**
50 g de **gengibre cristalizado** bem picado

Para a calda
150 g de **chocolate meio amargo** em pedacinhos
150 ml de **leite**
50 g de **açúcar**
2 colheres (sopa) de **conhaque**

Unte uma assadeira grande. Aqueça a água em uma panela média, junte a manteiga e o sal e deixe levantar fervura. Tire do fogo e acrescente a farinha. Leve novamente ao fogo e aqueça mais um pouco, mexendo sempre, até obter uma bola lisa. Espere esfriar.

Adicione os ovos e a baunilha, pouco a pouco e sem parar de bater, até a massa ficar lisa. Transfira para um saco de confeitar grande, com bico liso de 1,5 cm. Faça 20 bolinhas na assadeira, deixando espaço entre elas.

Asse em forno preaquecido a 200°C por 15 minutos, ou até a massa crescer bem. Faça um corte na lateral de cada bolinha para liberar o vapor e recoloque no forno, já desligado, por mais 5 minutos. Deixe esfriar.

Prepare a calda. Aqueça o chocolate com o leite e o açúcar, mexendo até ficar homogêneo. Tire do fogo e junte o conhaque. Bata o creme de leite até começar a firmar e adicione os pedacinhos de gengibre. Aumente o corte em cada profiterole e recheie com esse creme. Disponha os docinhos em uma travessa e regue com a calda quente.

Variação: profiterole bicolor. Prepare o profiterole como na receita acima. Bata 250 ml de creme de leite fresco com 1 colher (sopa) de açúcar de confeiteiro e recheie os profiteroles. Derreta 150 g de chocolate meio amargo e 50 g de chocolate branco em vasilhas separadas (p. 14). Regue cada docinho com os dois chocolates e desenhe espirais, usando um palito para mesclar as duas cores.

folhadinho de laranja

25 unidades
Preparo: **25 minutos**
Cozimento: **12 minutos**

manteiga, para untar
250 g de **massa folhada pronta**
farinha de trigo, para polvilhar
2 colheres (sopa) de **açúcar**
raspas finas de 1 **laranja**
1 **gema**

Para o recheio
50 g de **manteiga sem sal** amolecida (p. 13)
75 g de **açúcar de confeiteiro** peneirado, mais um pouco para polvilhar (opcional)
1 colher (sopa) de **suco de laranja**
1 colher (sopa) de **suco de limão-siciliano**

Unte uma assadeira. Abra a massa folhada sobre uma superfície enfarinhada em um quadrado de 23 cm. Corte ao meio. Misture 1 colher (sopa) de açúcar com as raspas de laranja e polvilhe uma das metades da massa. Disponha a outra metade sobre a primeira e abra de novo. Apare para obter um quadrado de 25 cm.

Corte 5 tiras de massa e cada tira em 5 quadrados, até formar 25 folhadinhos. Transfira-os para a assadeira, deixando espaço entre eles. Fure a superfície com um palito. Asse em forno preaquecido a 200°C por 10 minutos, ou até crescer e começar a dourar. Pincele a massa com a gema batida com o açúcar restante. Asse por mais 2 minutos, ou até dourar. Transfira para uma grade para esfriar.

Bata a manteiga, o açúcar de confeiteiro e os sucos de laranja e limão para fazer o creme. Abra cada um dos quadradinhos ao meio e recheie-os, formando pequenos sanduíches. Polvilhe açúcar de confeiteiro, se desejar.

Variação: folhadinho de uva-passa e canela. Abra 300 g de massa folhada em espessura bem fina sobre uma superfície enfarinhada. Corte ao meio. Misture 2 colheres (sopa) de açúcar com 1 colher (chá) de canela em pó e polvilhe uma das metades com a mistura. Espalhe 75 g de uva-passa. Disponha a outra metade de massa sobre a primeira e abra novamente, até ficar tão fina que se possa ver a uva-passa sob a massa. Transfira para uma assadeira untada e corte em retângulos de aproximadamente 7 cm x 4 cm. Pincele o ovo batido e polvilhe açúcar. Asse em forno preaquecido a 200°C por 15 minutos, ou até dourar. Transfira para uma grade e deixe esfriar.

rolinho de chocolate

22 unidades
Preparo: **20 minutos**
Cozimento: **10 minutos**

50 g de **manteiga sem sal** derretida, mais um pouco para untar
100 g de **chocolate meio amargo** ou **ao leite** picado
25 g de **avelã** tostada e picada
25 g de **uva-passa** picada
4 folhas de **massa filo**
farinha de trigo, para polvilhar
50 g de **açúcar**
½ colher (chá) de **canela em pó**

Unte uma assadeira com manteiga.

Misture o chocolate com a avelã e a uva-passa.

Abra as folhas de massa filo em uma superfície levemente enfarinhada e separe uma. Cubra as demais com filme de PVC e pincele a que reservou com manteiga derretida. Disponha uma segunda folha sobre a primeira. Corte em retângulos de 6 cm x 12 cm.

Espalhe 1 colher (chá) bem cheia da mistura de chocolate com avelã pelo comprimento do retângulo. Deixe espaços de 1 cm sem chocolate perto de cada ponta. Dobre os lados mais curtos do retângulo, para fechar as pontas, e enrole como um rocambole. Faça o mesmo com as outras folhas de massa, totalizando 22 canudinhos. Pincele com mais manteiga.

Asse em forno preaquecido a 220°C por 10 minutos, ou até dourar bem.

Misture o açúcar e a canela em um prato. Passe os canudinhos, ainda quentes, por essa mistura até cobri-los bem. Sirva quente ou transfira para uma grade para esfriar antes de servir.

Variação: rolinho de tâmara e gengibre. Pique muito bem 200 g de tâmara e misture com 25 g de gengibre picado e 1 colher (sopa) de mel. Use a mistura para rechear a massa e asse como na receita acima. Depois de assados, passe os palitos em uma mistura de açúcar com gengibre em pó.

cestinha de nectarina e mirtilo

12 porções
Preparo: **15 minutos**
Cozimento: **8 minutos**

25 g de **manteiga sem sal**
2 colheres (chá) de **azeite**
4 folhas de **massa filo**
farinha de trigo, para polvilhar
2 colheres (sopa) de **geleia de frutas vermelhas**
suco de ½ **laranja**
4 **nectarinas maduras**, sem caroço e fatiadas
150 g de **mirtilo**
açúcar de confeiteiro, para polvilhar

Derreta a manteiga com o azeite.

Abra a massa em uma superfície levemente enfarinhada. Pincele a manteiga derretida e corte em 24 pedaços de 8 cm x 10 cm.

Forre as cavidades de uma fôrma para 12 muffins com os retângulos de massa. Acomode outro pedaço de massa em cada cavidade, formando um ângulo com o anterior.

Asse em forno preaquecido a 180°C por 8-10 minutos, ou até dourar. Enquanto isso, aqueça a geleia com o suco de laranja em fogo brando e, quando estiver quente, junte a nectarina e o mirtilo.

Tire as cestinhas de massa com cuidado da fôrma e disponha em uma travessa. Distribua a mistura de geleia ainda quente nas cestinhas e polvilhe o açúcar de confeiteiro. Sirva com creme de leite ou sorvete.

Acompanhamento: sorvete de mascarpone e baunilha. Aqueça 225 g de açúcar com 450 ml de água em fogo brando até dissolver o açúcar. Aumente o fogo e deixe ferver por 3 minutos. Retire, junte 2 colheres (sopa) de suco de limão e reserve até esfriar. Bata 500 g de mascarpone com 2 colheres (chá) de essência de baunilha. Aos poucos, adicione a calda já fria. Passe por uma máquina de fazer sorvete e mantenha no freezer. Na hora de servir, coloque uma bola sobre cada cestinha de nectarina com mirtilo.

biscoitinho espiralado

22 unidades
Preparo: **15 minutos**,
mais o tempo no freezer
Cozimento: **12 minutos**

manteiga, para untar
75 g de **uva-passa** picada
1 colher (chá) de **mix de especiarias em pó** (p. 20)
2 colheres (sopa) de **açúcar**
250 g de **massa folhada pronta**
farinha de trigo, para polvilhar
1 **gema**
1 colher (chá) de **água**

Para servir
sorvete de baunilha
xerez doce ou um **vinho licoroso,** com sabor bem acentuado

Unte duas assadeiras com manteiga.

Misture a uva-passa, as especiarias em pó e o açúcar. Abra a massa em uma superfície ligeiramente enfarinhada, formando um retângulo de 20 cm x 30 cm. Bata a gema com a água e espalhe uma camada leve sobre a massa, tomando cuidado para cobrir até as margens. Polvilhe a mistura de uva-passa. Enrole a massa como um rocambole, começando pelo lado mais comprido. Envolva em filme de PVC e leve ao freezer por 30 minutos.

Apare os dois extremos do cilindro. Com uma faca bem afiada, corte em fatias de 1 cm, totalizando 22 fatias. Achate um pouco com um rolo enfarinhado e transfira para as assadeiras. Pincele o restante da gema.

Asse em forno preaquecido a 220°C por 12 minutos, ou até crescer e dourar.

Sirva regado com um pouquinho de xerez ou vinho e acompanhado de sorvete.

Variação: biscoitinho espiralado com creme de café. Misture 2 colheres (chá) de pó de café com 2 colheres (chá) de cacau em pó e 2 colheres (sopa) de açúcar de baunilha (p. 168). Enrole como na receita acima, mas substitua a mistura de uva-passa pela de café. Asse como indicado. Derreta 100 g de chocolate meio amargo (p. 14) e misture com 4 colheres (sopa) de creme de leite fresco. Deixe o chocolate esfriar, mas não endurecer, e use-o para unir duas espirais, como se fosse um sanduíche.

tortinha tropical

20 unidades
Preparo: **35 minutos**,
mais o tempo para gelar
Cozimento: **20 minutos**

250 g de **massa podre** pronta
farinha de trigo, para polvilhar
raspas e suco de 2 **limões** grandes
6 colheres (sopa) de **creme de leite fresco**
150 ml de **leite condensado**
2 colheres (sopa) de **manga**, cortada em cubinhos
2 colheres (sopa) de **mamão papaia**, cortado em cubinhos
raspas de limão, para decorar

Abra a massa em uma superfície levemente enfarinhada na espessura de 2,5 mm. Corte 20 círculos com 5 cm de diâmetro.

Forre 20 fôrmas para empadinha (número um) com os círculos de massa. Fure a base com um garfo, forre com papel-manteiga e cubra com feijões crus.

Asse em forno preaquecido a 190°C por 10 minutos. Tire o papel e os feijões e leve ao forno outra vez por 5-10 minutos, ou até ficarem crocantes e douradas. Deixe esfriar nas forminhas.

Bata as raspas de limão com o creme de leite e o leite condensado no liquidificador, até misturar bem. Mantenha ligado e despeje aos poucos o suco de limão. Transfira para uma vasilha, cubra e leve à geladeira por 3-4 horas, ou até firmar.

Desenforme as bases de massa e recheie com o creme de limão. Misture a manga com o mamão e distribua os pedacinhos de fruta sobre o creme. Decore com raspas de limão e sirva imediatamente.

Variação: tortinha de creme e framboesa. Prepare as bases de massa e o creme como na receita acima. Recheie as tortinhas com o creme. Aqueça 4 colheres (sopa) de geleia de framboesa com as raspas e o suco de 1 limão. Deixe no fogo por 1 minuto e passe pela peneira. Distribua 300 g de framboesa fresca sobre as tortinhas e regue com a geleia peneirada. Polvilhe um pouco de açúcar de confeiteiro.

merengues e macarons

merengue de açúcar mascavo

24 unidades
Preparo: **25 minutos**, mais o tempo para esfriar
Cozimento: **45 minutos**

manteiga, para untar
65 g de **açúcar mascavo**
50 g de **açúcar**
2 **claras**

Para servir
250 g de **mascarpone**
2 colheres (sopa) de **açúcar de confeiteiro** peneirado
2 colheres (sopa) de **leite**
1 colher (chá) de **essência de baunilha**

Unte e forre duas assadeiras com papel-manteiga. Misture o açúcar mascavo com o açúcar comum e reserve.

Bata as claras em neve e junte a mistura de açúcar, 1 colher (sobremesa) por vez, batendo bem entre cada adição, até obter um merengue firme e brilhante.

Coloque em um saco de confeitar grande com bico estrela de 1 cm. Faça 24 cilindros de uns 5 cm de comprimento nas assadeiras, deixando um bom espaço entre eles.

Asse em forno preaquecido a 150°C por 45 minutos, ou até ficarem crocantes; troque as assadeiras de posição dentro do forno durante o cozimento. Transfira para uma grade para esfriar.

Bata o mascarpone com o açúcar de confeiteiro, o leite e a essência de baunilha até formar uma pasta macia. Transfira para uma vasilha pequena e sirva com os merengues.

Variação: merengue de pistache e chocolate branco. Descasque, pique e reserve 50 g de pistache (p. 70). Faça o merengue como na receita acima, mas substitua o açúcar mascavo por açúcar de confeiteiro. Polvilhe o pistache antes de levar ao forno. Aqueça em fogo brando 100 ml de creme de leite fresco com 100 g de chocolate branco picado. Deixe esquentar, mas não ferver. Tire do fogo e espere o chocolate derreter completamente. Depois de frio, faça sanduichinhos com dois merengues, usando o creme como recheio.

cupcake com merengue

16 unidades
Preparo: **30 minutos**, mais o tempo para esfriar
Cozimento: **20 minutos**

- 65 g de **manteiga sem sal** amolecida (p. 13)
- 165 g de **açúcar**
- 65 g de **farinha de trigo com fermento** peneirada
- 1 **ovo**
- 1 pedaço de **gengibre em calda** bem picado
- 3 colheres (sopa) de **geleia de groselha vermelha**
- 2 colheres (chá) de **água**
- 75 g de **groselha**, mais um pouco para decorar
- 2 **claras**

Distribua 16 forminhas de silicone para minimuffin em uma assadeira. Bata a manteiga, 65 g de açúcar, a farinha, o ovo e o gengibre até formar uma massa leve e cremosa. Distribua nas forminhas.

Asse em forno preaquecido a 180°C por 10-12 minutos, ou até crescer e firmar. Deixe esfriar nas forminhas por 2 minutos e depois transfira para uma grade, para esfriar completamente. Aumente a temperatura do forno para 230°C.

Derreta a geleia com a água, junte a groselha e mantenha em fogo brando por 5 minutos, ou até as frutas ficarem macias. Reserve para esfriar.

Faça cavidades no centro dos minicupcakes, usando uma colher de chá. Recheie com a groselha.

Bata as claras em neve. Junte o restante do açúcar, 1 colher (sobremesa) por vez, batendo bem entre as adições, até ficar firme e brilhante. Faça uma espiral de merengue sobre os minicupcakes. Recoloque na assadeira e asse por 2 minutos, vigiando atentamente, até o merengue começar a dourar. Sirva quente ou frio, com algumas groselhas sobre o merengue.

Variação: cupcake de merengue e limão. Prepare os minicupcakes como na receita acima, mas substitua o gengibre por raspas finas de 1 limão-siciliano. Recheie com um creme de limão feito com 6 colheres (sopa) de leite condensado e 1 colher (sopa) de suco de limão-siciliano; misture os dois ingredientes e leve ao micro-ondas por 40 segundos. Prepare o merengue e finalize como indicado, decorando com raspas de limão-siciliano.

merengue de chocolate

36 unidades
Preparo: **15 minutos**, mais o tempo para esfriar
Cozimento: **1h15**

manteiga, para untar
3 **claras**
75 g de **açúcar comum**
75 g de **açúcar mascavo**
75 g de **chocolate ao leite** ralado

Unte e forre duas assadeiras com papel-manteiga.

Bata as claras em neve. Sem parar de bater, adicione o açúcar comum, 1 colher (sopa) por vez, e, em seguida, o açúcar mascavo. Misture o chocolate e distribua o merengue nas assadeiras, 1 colher (sopa) por unidade.

Asse em forno preaquecido a 140°C. Depois de 1h15, desligue, deixando o forno fechado por mais 30 minutos. Espere os merengues esfriarem e coloque-os em forminhas de papel. Conserve em recipiente hermético por até 3 dias.

Variação: merengue de chocolate branco e menta. Prepare os merengues como na receita acima, mas exclua o açúcar mascavo e use 150 g de açúcar comum. Substitua também o chocolate ao leite por chocolate branco ralado e acrescente 1 colher (chá) de essência de menta. Distribua 36 colheres (chá) nas assadeiras e, usando as costas do utensílio, faça discos com cerca de 5 mm de espessura. Asse como indicado.

minipavlova de maracujá

20 unidades
Preparo: **30 minutos**, mais o tempo para esfriar
Cozimento: **1 hora**

manteiga, para untar
3 **claras**
175 g de **açúcar**
1 colher (chá) de **vinagre de vinho branco**
1 colher (chá) de **maisena**
6 **maracujás**
150 ml de **creme de leite fresco**
100 g de **iogurte grego tradicional**
20 **physalis***

* A physalis (pronuncia-se "fisális") é uma fruta comestível da mesma família da batata, da berinjela, do tomate e do pimentão.

Unte duas assadeiras e forre-as com papel-manteiga. Bata as claras em neve. Sem parar de bater, adicione o açúcar, 1 colher (sobremesa) por vez, até obter um merengue firme e brilhante. Respingue todo o vinagre sobre o merengue e peneire a maisena por cima. Misture delicadamente.

Distribua nas assadeiras 20 porções de merengue do tamanho de uma bola de pingue-pongue. Pressione levemente o topo com uma espátula. Com as costas de uma colher (chá), abra uma cavidade no centro de cada pavlova. Asse em forno preaquecido a 140°C por cerca de 1 hora, até ficarem crocantes. Deixe esfriar nas assadeiras.

Retire a polpa de 3 maracujás com uma colher e passe pela peneira. Bata o creme de leite e o iogurte até formar picos suaves e recheie os merengues com esse creme. Tire a polpa dos outros maracujás e distribua sobre as pavlovas. Decore com uma physalis.

Variação: pavlova de morango e baunilha. Abra uma fava de baunilha no sentido do comprimento e tire as sementes (aproveite para preparar o açúcar de baunilha: parta a fava ao meio e deixe em um pote de açúcar por 2-3 semanas, mexendo de vez em quando). Amasse as sementes com uma colher. Prepare os merengues como na receita acima, mas substitua o restante do açúcar por açúcar de baunilha. Asse como indicado e recheie os merengues com creme de leite fresco batido. Decore com morangos pequenos cortados ao meio. Derreta 3 colheres (sopa) de geleia de groselha com 2 colheres (chá) de água em fogo brando e regue os morangos.

merengue de banana e caramelo

20 unidades
Preparo: **30 minutos**, mais o tempo para esfriar
Cozimento: **1h15**

manteiga, para untar
3 **claras**
100 g de **açúcar mascavo**
75 g de **açúcar**
1 **banana** pequena
1 colher (sopa) de **suco de limão**
150 ml de **creme de leite fresco**
4 colheres (sopa) de **calda toffee**

Unte duas assadeiras e forre-as com papel-manteiga. Bata as claras em neve em uma vasilha bem limpa. Adicione pouco a pouco os dois tipos de açúcar, 1 colher (chá) de cada vez. Quando o açúcar terminar, bata mais alguns minutos, até o merengue ficar firme e brilhante. Disponha em uma das assadeiras, formando montinhos (cerca de 40 no total) em formato oval, até usar todo o merengue.

Asse em forno preaquecido a 110°C por 1h15, até os merengues firmarem e se soltarem facilmente do papel. Deixe esfriar nas assadeiras.

Amasse a banana com o suco de limão. Bata o creme de leite até ganhar consistência. Acrescente, ainda batendo, 2 colheres (sopa) da calda toffee e a banana amassada. Use o creme para rechear sanduichinhos feitos com dois merengues. Arrume em forminhas de papel, regue com o restante da calda e sirva. Sem recheio, os merengues podem ser conservados por até 3 dias em recipiente hermético.

Para fazer calda toffee. Aqueça 5 colheres (sopa) de água com 200 g de açúcar em fogo brando até o açúcar dissolver completamente. Deixe ferver até ganhar coloração de caramelo. Tire do fogo e mergulhe a base da panela em água fria, para interromper o cozimento. Adicione 50 g de manteiga sem sal e 150 ml de creme de leite fresco e leve de volta ao fogo brando, mexendo até o caramelo ficar macio e liso. Reserve até esfriar. Pode ser conservado na geladeira por até 5 dias.

merengue de pistache e chocolate

16 unidades
Preparo: **30 minutos**
Cozimento: **1 hora**

manteiga, para untar
3 **claras**
175 g de **açúcar**
50 g de **pistache** picado
150 g de **chocolate meio amargo** cortado em pedaços
150 ml de **creme de leite fresco**

Unte e forre duas assadeiras com papel-manteiga.

Bata as claras em neve em uma vasilha bem limpa. Acrescente o açúcar, 1 colher (chá) por vez, e bata até ficar firme e brilhante.

Incorpore o pistache e, com uma colher (chá) bem cheia, transfira o merengue para as assadeiras, formando montinhos levemente espiralados.

Asse em forno preaquecido a 110°C, por 45-60 minutos, ou até os merengues firmarem e se soltarem facilmente do papel. Deixe esfriar nas assadeiras.

Derreta o chocolate (p. 14). Retire o merengue das assadeiras e mergulhe a base de cada um no chocolate derretido. Ponha-os de volta sobre o papel-manteiga, deitados de lado, e reserve em lugar fresco até o chocolate endurecer.

Bata o creme de leite até começar a firmar e use-o para rechear sanduichinhos feitos com dois merengues. Arrume em forminhas de papel e consuma no mesmo dia. Sem o chocolate, os merengues podem ser conservados por até 3 dias em recipiente hermético.

Variação: merengue de açafrão com creme. Faça o merengue como na receita acima, mas substitua o pistache por ½ colher (chá) de pistilos de açafrão moídos. Despeje-os sobre as claras em neve, no momento em que começar a misturar o açúcar. Transfira com uma colher para as assadeiras e asse como indicado. Sirva com creme de leite fresco batido.

macaron

24 unidades
Preparo: **20 minutos,** mais o tempo para descansar
Cozimento: **15 minutos**

manteiga, para untar
65 g de **amêndoa** moída
50 g de **açúcar de confeiteiro**
2 **claras**
100 g de **açúcar**
corante alimentício verde e **cor-de-rosa**

Unte e forre duas assadeiras com papel-manteiga.

Triture a amêndoa moída e o açúcar de confeiteiro no processador até obter um farelo bem fino.

Bata as claras em neve em uma vasilha bem limpa. Sem parar de bater, junte o açúcar comum, 1 colher (sopa) por vez, e bata até ficar firme e brilhante. Coloque metade do merengue em uma vasilha e incorpore o corante verde. Repita com a outra metade e o corante rosa. Adicione a amêndoa triturada em partes iguais aos dois merengues e misture bem.

Transfira uma das porções de merengue para um saco de confeitar com bico simples de 1 cm e faça 12 círculos de 3 cm de diâmetro em uma assadeira. Lave o saco de confeitar e repita com o outro merengue. Bata as assadeiras com firmeza na pia para alisar ligeiramente a superfície dos macarons. Deixe descansar por 30 minutos.

Asse em forno preaquecido a 160°C por 15 minutos, ou até ficar crocante. Espere esfriar e remova o papel com cuidado.

macaron de chocolate

12 unidades
Preparo: 20 minutos, mais o tempo para descansar e esfriar
Cozimento: **20 minutos**

50 g de **amêndoa** moída
50 g de **açúcar de confeiteiro**
4 colheres (sopa) de **cacau em pó**
2 **claras**
100 g de **açúcar**

Para o recheio
5 colheres (sopa) de **creme de leite fresco**
100 g de **chocolate meio amargo** picado

Forre duas assadeiras com papel-manteiga. Triture a amêndoa moída, o açúcar de confeiteiro e o cacau em pó no processador até obter um farelo bem fino.

Bata as claras em neve em uma vasilha bem limpa. Sem parar de bater, junte o açúcar, 1 colher (sopa) por vez, e bata até ficar firme e brilhante. Adicione o farelo de amêndoa e misture bem.

Transfira o merengue para um saco de confeitar com bico simples de 1 cm e faça 24 círculos de 3 cm de diâmetro nas assadeiras. Bata as assadeiras com firmeza na pia para alisar ligeiramente a superfície dos macarons e reserve por 30 minutos.

Asse em forno preaquecido a 160°C por 15 minutos, ou até ficar crocante na superfície. Espere esfriar e remova o papel com cuidado.

Aqueça o creme de leite em uma panela pequena até começar a borbulhar. Antes de ferver, retire do fogo e misture o chocolate picado. Deixe o chocolate derreter, mexendo frequentemente, até formar um creme liso. Quando o creme esfriar e parecer bem firme, use-o para rechear pequenos sanduíches feitos com dois macarons. Conserve em local fresco até a hora de servir.

Acompanhamento: ganache de chocolate e framboesa. Derreta 100 g de chocolate (p. 14) com 5 colheres (sopa) de creme de leite fresco. Acrescente 1 colher (sopa) de manteiga sem sal e 100 g de framboesa. Aqueça em fogo brando, mexendo, até a manteiga derreter. Reserve para esfriar e engrossar e sirva com o macaron de chocolate.

macaron de chocolate branco

18 unidades
Preparo: **25 minutos**,
mais o tempo para esfriar
Cozimento: **15 minutos**

100 g de **manteiga sem sal** amolecida (p. 13), mais um pouco para untar
100 g de **amêndoa** escaldada
100 g de **açúcar**
50 g de **farinha de trigo**, mais um pouco para polvilhar
50 g de **farinha de trigo com fermento**

Para o recheio
100 g de **chocolate branco** picado
25 g de **manteiga sem sal**

Unte duas assadeiras com manteiga.

Triture a amêndoa no processador até formar um farelo fino. Adicione a manteiga, o açúcar e as farinhas de trigo peneiradas, e bata até incorporar tudo.

Transfira para uma superfície levemente enfarinhada e trabalhe até formar uma massa lisa. Faça bolinhas de massa, aproximadamente do tamanho de uma cereja, e espalhe-as nas assadeiras.

Asse em forno preaquecido a 180°C por 15 minutos, ou até as bolinhas crescerem, formando rachaduras na superfície, e dourarem levemente. Transfira para uma grade para esfriar.

Derreta o chocolate branco e a manteiga e use esse creme para rechear pequenos sanduíches de macarons.

Variação: macaron de amêndoa sem glúten. Unte e forre uma assadeira grande com papel-manteiga. Bata 2 claras em neve e junte aos poucos 100 g de açúcar. Adicione 125 g de amêndoa moída. Com uma colher de sobremesa, espalhe montinhos de massa na assadeira, ligeiramente separados, e coloque uma amêndoa no alto de cada um. Asse como na receita acima.

whoopie com recheio cítrico

12-14 unidades
Preparo: **20 minutos**,
mais o tempo para esfriar
Cozimento: **15 minutos**

manteiga, para untar
150 g de **farinha de trigo com fermento**
¼ de colher (chá) de **bicarbonato de sódio**
25 g de **cacau em pó**
100 g de **açúcar**
2 colheres (sopa) de **açúcar de baunilha** (p. 168)
1 **ovo**
3 colheres (sopa) de **óleo vegetal**
1 colher (sopa) de **leite**

Para o recheio
100 g de **cream cheese**
2 colheres (sopa) de **açúcar de confeiteiro** peneirado
1 colher (chá) de **raspas de laranja**
gotas de **essência de laranja** (opcional)

Para cobrir
50 g de **chocolate meio amargo** ou **ao leite** picado

Unte uma assadeira grande com manteiga.

Misture a farinha, o bicarbonato, o cacau e os dois tipos de açúcar e reserve. Bata o ovo com o óleo e o leite. Junte aos ingredientes secos e misture até formar uma massa grossa, acrescentando um pouco mais de leite se ficar muito quebradiça.

Forme bolinhas do tamanho de uma cereja com a massa. Distribua as bolinhas na assadeira, mantendo uma boa distância entre uma e outra e achatando-as ligeiramente.

Asse em forno preaquecido a 200°C por 12 minutos, ou até a massa se espalhar e começar a dourar. Transfira para uma grade para esfriar.

Prepare o recheio misturando o cream cheese com o açúcar, as raspas de laranja e a essência de laranja, se for usar. Use para rechear pequenos sanduíches feitos com dois bolinhos. Derreta o chocolate (p. 14) e espalhe sobre os whoopies.

Variação: whoopie de mascarpone e gengibre. Pique muito bem um pedaço de gengibre em calda escorrido. Bata 100 g de queijo mascarpone com 15 g de manteiga sem sal amolecida (p. 13) e 3 colheres (sopa) de açúcar. Acrescente o gengibre e incorpore. Use para rechear os whoopies como na receita acima e cubra com chocolate branco derretido.

whoopie de baunilha e amendoim

12-14 unidades
Preparo: **20 minutos**, mais o tempo para esfriar
Cozimento: **12 minutos**

manteiga, para untar
175 g de **farinha de trigo com fermento** peneirada
¼ colher (chá) de **bicarbonato de sódio**
100 g de **açúcar**
2 colheres (sopa) de **açúcar de baunilha** (p. 168)
1 **ovo**
3 colheres (sopa) de **óleo vegetal**
1 colher (sopa) de **leite**

Para o recheio
5 colheres (sopa) de **creme de amendoim**
25 g de **manteiga sem sal** amolecida (p. 13)
3 colheres (sopa) de **açúcar de confeiteiro** peneirado
1 colher (chá) de **água** quente

Unte uma assadeira grande com manteiga.

Misture a farinha, o bicarbonato e os dois tipos de açúcar e reserve. Bata o ovo com o óleo e o leite. Junte aos ingredientes secos e misture até formar uma massa grossa, acrescentando um pouco mais de leite se ficar muito quebradiça.

Forme bolinhas do tamanho de uma cereja com a massa. Distribua as bolinhas na assadeira, mantendo uma boa distância entre uma e outra e achatando-as ligeiramente.

Asse em forno preaquecido a 200°C por 12 minutos, ou até a massa se espalhar e começar a dourar. Transfira para uma grade para esfriar.

Prepare o recheio batendo o creme de amendoim com a manteiga e o açúcar de confeiteiro até formar uma pasta lisa. Junte a água quente e bata um pouco mais, até ficar leve e fofo. Use para rechear pequenos sanduíches feitos com dois bolinhos.

Variação: whoopie de especiarias. Prepare os bolinhos como na receita acima, mas acrescente 1 colher (chá) de mix de especiarias em pó (p. 20) à farinha de trigo. Bata 75 g de manteiga sem sal amolecida (p. 13) com 25 g de açúcar de confeiteiro e 3 colheres (sopa) de conhaque até formar um creme homogêneo. Use para unir dois whoopies e sirva polvilhado com açúcar de confeiteiro.

scones e outras minidelícias

scone de lavanda

24 unidades
Preparo: **20 minutos**, mais o tempo para esfriar
Cozimento: **10 minutos**

225 g de **farinha de trigo com fermento**, mais um pouco para polvilhar
1 colher (chá) de **fermento em pó**
4 ramos de **flores de lavanda**
40 g de **manteiga sem sal**, gelada e cortada em cubinhos, mais um pouco para untar
100 ml de **iogurte natural**
50 ml de **leitelho***
leite ou **ovo batido**, para pincelar
açúcar, para polvilhar

Para o recheio
150 ml de **creme de leite fresco**
4 colheres (sopa) de **geleia de morango**

* **Leitelho**
Misture 180 ml de iogurte natural e 100 ml de leite 10 minutos antes de iniciar o preparo da receita.

Peneire a farinha e o fermento no copo do processador. Tire as flores de lavanda dos ramos. Coloque no processador com a manteiga e bata até obter uma farofa. Acrescente o iogurte e o leitelho e bata mais um pouco, até obter uma massa macia.

Abra em uma superfície levemente enfarinhada até a espessura de 1,5 cm. Corte 24 círculos de 3 cm de diâmetro e acomode na assadeira. Pincele com leite ou ovo batido e polvilhe o açúcar.

Asse em forno preaquecido a 220°C por 8-10 minutos, ou até crescer e começar a dourar. Transfira para uma grade para esfriar.

Bata o creme de leite até começar a endurecer. Corte os scones ao meio e monte pequenos sanduíches recheados com a geleia e o creme batido.

Variação: scone de cranberry e laranja. Pique 50 g de cranberry seco em pedacinhos. Adicione 2 colheres (sopa) de suco de laranja e incorpore. Faça os scones como na receita acima, mas junte ½ colher (chá) de mix de especiarias em pó (p. 20) à farinha de trigo e os cranberries e raspas finas de 1 laranja pequena ao leite. Sirva morno, recheado com manteiga sem sal.

bocadinho de açafrão e mirtilo

32 unidades
Preparo: **15 minutos**, mais o tempo para esfriar
Cozimento: **40 minutos**

- 40 g de **manteiga sem sal**, gelada e cortada em cubinhos, mais um pouco para untar
- cerca de 150 ml de **leite**
- ½ colher (chá) de **pistilos de açafrão**
- 225 g de **farinha de trigo com fermento**, mais um pouco para polvilhar
- 1 colher (chá) de **fermento em pó**
- 200 g de **chantili**
- 125 g de **mirtilo**
- **açúcar de baunilha** (p. 168), para polvilhar

Unte uma assadeira com manteiga.

Aqueça metade do leite, acrescente os pistilos de açafrão esmagados e tire do fogo. Reserve para esfriar.

Peneire a farinha e o fermento no copo do processador, adicione a manteiga e bata até obter uma farofa. Junte o leite com açafrão e a maior parte do leite restante. Bata rapidamente, formando uma massa macia. Acrescente um pouco mais de leite se a massa parecer seca.

Abra a massa em uma superfície levemente enfarinhada até a espessura de 1,5 cm. Corte em 16 quadrados de 3 cm e disponha na assadeira.

Asse em forno preaquecido a 220°C por 8-10 minutos, até crescer e dourar um pouco. Transfira para uma grade para esfriar.

Corte os scones ao meio e espalhe o chantili. Distribua o mirtilo por cima e sirva polvilhado com açúcar de baunilha.

Variação: scone de chocolate branco com manteiga de gengibre. Prepare o scone como na receita acima, mas exclua o açafrão e junte 50 g de chocolate branco ralado à massa antes do leite. Asse como indicado. Pique um pedaço de gengibre em calda escorrido e bata no processador com 75 g de manteiga sem sal amolecida (p. 13) até formar uma pasta lisa. Misture 25 g de açúcar de confeiteiro peneirado e transfira para um pratinho. Sirva com os scones.

scone de cenoura e alecrim

22-24 unidades
Preparo: **15 minutos**, mais o tempo para esfriar
Cozimento: **10 minutos**

- 225 g de **farinha de espelta***, mais um pouco para polvilhar
- 2 colheres (chá) de **fermento em pó**
- ½ colher (chá) de **cremor de tártaro**
- 2 colheres (chá) de **alecrim** bem picado
- 2 colheres (sopa) de **açúcar**
- 50 g de **manteiga sem sal**, gelada e cortada em cubinhos, mais um pouco para untar
- 125 g de **cenoura** ralada
- 100 ml de **leite**, mais um pouco para pincelar

Para servir
mascarpone
geleia de frutas de sua preferência

* Encontra-se em lojas especializadas.

Peneire a farinha de espelta com o fermento e o cremor de tártaro e bata no processador, juntando os grãos que ficaram na peneira. Misture o alecrim, o açúcar e a manteiga e bata até obter uma farofa. Junte a cenoura e o leite e continue batendo, até formar uma massa macia. Se necessário, acrescente um pouco mais de leite.

Abra a massa em uma superfície levemente enfarinhada até a espessura de 1,5 cm. Corte 22-24 círculos de 3 cm de diâmetro. Transfira para a assadeira e pincele com leite.

Asse em forno preaquecido a 220°C por 8-10 minutos, até crescer e começar a dourar. Transfira para uma grade para esfriar.

Corte os scones ao meio, recheie um pouco de mascarpone e geleia de frutas e sirva.

Variação: scone de maçã e uva-passa. Misture 125 g de farinha de trigo integral, 100 g de farinha de trigo com fermento, 1 colher (chá) de mix de especiarias em pó (p. 20) e 2 colheres (chá) de fermento em pó. Adicione 40 g de manteiga com sal cortada em pedaços pequenos e amasse com as mãos até a mistura parecer uma farofa. Acrescente 50 g de uva-passa branca picada e 1 maçã descascada e ralada. Despeje 125 ml de leite e bata até formar uma massa macia, juntando mais leite se ficar muito seca. Abra a massa, corte-a e asse como na receita acima.

delícia de chocolate

16 unidades
Preparo: **45 minutos**, mais o tempo para esfriar
Cozimento: **25 minutos**

100 g de **manteiga sem sal** amolecida (p. 13), mais um pouco para untar
125 g de **chocolate meio amargo** picado
125 g de **açúcar mascavo**
2 **ovos**
50 g de **farinha de trigo com fermento**
25 g de **cacau em pó**
50 g de **amêndoa** moída
5 colheres (sopa) de **creme de avelã com chocolate**

Para a cobertura
200 g de **chocolate meio amargo** picado
2 colheres (sopa) de **melado claro**
15 g de **manteiga sem sal**
50 g de **chocolate ao leite** picado

Unte uma assadeira quadrada de 15 cm e forre-a com papel-manteiga. Unte o papel também.

Derreta o chocolate (p. 14). Bata a manteiga com o açúcar até obter um creme claro. Acrescente os ovos, pouco a pouco e sem parar de bater, adicionando um pouco de farinha para evitar que a mistura empelote. Incorpore o chocolate derretido.

Peneire a farinha e o cacau e junte ao creme de chocolate. Incorpore a amêndoa. Despeje na fôrma e uniformize a superfície.

Asse em forno preaquecido a 160°C por 20 minutos, ou até crescer e firmar. Deixe esfriar sobre uma grade.

Corte em 16 quadrados e espalhe um pouco de creme de avelã sobre cada um. Para a cobertura, derreta o chocolate meio amargo com o melado e a manteiga até obter um creme liso e brilhante. Em outra vasilha, derreta o chocolate ao leite. Despeje um pouco da mistura de chocolate meio amargo sobre cada quadrado, deixando escorrer pelas laterais. Com uma colher pequena, derrame o chocolate ao leite em fios sobre o chocolate meio amargo.

Variação: delícia de chocolate branco. Prepare a receita acima, mas substitua o chocolate meio amargo por chocolate branco derretido e o cacau em pó por mais 25 g de farinha com fermento. Use chocolate branco em vez da pasta de avelã. Asse e corte como indicado. Para a cobertura, bata 50 g de açúcar de confeiteiro com água suficiente para formar uma camada grossa nas costas de uma colher. Junte uma gota de corante alimentício cor-de-rosa e regue os quadradinhos.

bocadinho de batata-doce

10 unidades
Preparo: **20 minutos**,
mais o tempo para esfriar
Cozimento: cerca de
35 minutos

75 g de **manteiga sem sal** amolecida (p. 13), mais um pouco para untar
200 g de **batata-doce**, descascada e cortada em cubinhos
75 g de **açúcar mascavo**
1 colher (chá) de **essência de baunilha**
1 **ovo**
150 g de **farinha de trigo com fermento** peneirada
½ colher (chá) de **canela em pó**
½ colher (chá) de **fermento em pó**
4 colheres (sopa) de **amêndoa em lâminas**
50 g de **chocolate branco** picado

Unte 10 forminhas para minipão, com capacidade de aproximadamente 60 ml cada uma.

Leve ao fogo a batata-doce em uma panela com água fervente e cozinhe por 10-15 minutos, ou até ficar macia. Escorra, amasse e deixe esfriar.

Misture a manteiga, o açúcar, a baunilha, o ovo e a batata-doce. Junte a farinha, a canela e o fermento peneirados. Bata até ficar liso e cremoso. Transfira para as forminhas e arrume-as em uma assadeira. Polvilhe a amêndoa picada.

Asse em forno preaquecido a 160°C por 20 minutos, ou até os bolinhos firmarem. Mantenha nas forminhas por 5 minutos, transfira para uma grade e espere esfriar.

Derreta o chocolate branco (p. 14) e despeje sobre os bolinhos.

Variação: bocadinho de cenoura, gengibre e avelã. Cozinhe e amasse 175 g de cenoura. Prepare a massa como na receita acima, mas substitua a batata-doce pela cenoura e a canela em pó por 1 colher (chá) de gengibre ralado. Antes de assar, polvilhe 25 g de avelã picada.

bolinho de figo ao mel

10 unidades
Preparo: **20 minutos**
Cozimento: **15 minutos**

- 100 g de **manteiga sem sal** amolecida (p. 13), mais um pouco para untar
- 100 g de **açúcar**
- 2 **ovos**
- 100 g de **amêndoa** moída
- ½ colher (chá) de **essência de amêndoa**
- 25 g de **farinha de trigo com fermento** peneirada
- raspas finas de 1 **limão-siciliano**
- 3 **figos** cortados em quatro
- 3 colheres (sopa) de **mel**
- 1 ½ colher (sopa) de **suco de limão-siciliano**

Unte 10 forminhas com capacidade para 100 ml e forre o fundo delas com círculos de papel-manteiga.

Misture a manteiga, o açúcar, o ovo, a amêndoa, a essência de amêndoa, a farinha e as raspas de limão. Bata até a massa ficar lisa e cremosa e distribua nas forminhas. Coloque um quarto de figo sobre a massa, no centro de cada forminha.

Asse em forno preaquecido a 200°C por 15 minutos, ou até firmar. Espere esfriar nas forminhas. Solte as laterais e transfira para uma travessa.

Misture o mel com o suco de limão e regue os bolinhos.

Variação: copinho de ameixa com nozes. Triture 100 g de nozes no processador até ficarem bem moídas. Prepare a massa como na receita acima, mas substitua a amêndoa pelas nozes moídas e junte 50 g de ameixa seca bem picada. Asse como indicado acima e sirva os bolinhos cobertos com chantili e regados com um pouco de mel misturado com suco de limão.

shortcake de morango

12 unidades
Preparo: **25 minutos**, mais o tempo para esfriar
Cozimento: **22 minutos**

125 g de **manteiga sem sal** amolecida (p. 13), mais um pouco para untar
50 g de **açúcar**
1 **ovo** batido
1 colher (chá) de **essência de baunilha**
125 g de **farinha de trigo com fermento**
½ colher (chá) de **fermento em pó**

Para a cobertura
3 colheres (sopa) de **geleia de morango**
2 colheres (chá) de **água**
150 ml de **creme de leite fresco**
1 colher (sopa) de **açúcar de confeiteiro** peneirado
4 colheres (chá) de **água de rosas**
150 g de **morango** pequeno, cortado ao meio

Unte 12 forminhas para empada com capacidade para 40-50 ml.

Bata a manteiga com o açúcar até obter uma mistura leve e fofa. Sem parar de bater, acrescente pouco a pouco o ovo e a baunilha, adicionando um pouco de farinha de trigo para não empelotar. Peneire por cima a farinha e o fermento e misture delicadamente. Distribua nas forminhas e nivele a superfície.

Asse em forno preaquecido a 180°C por 20 minutos, ou até firmar. Reserve por 5 minutos e transfira para uma grade para esfriar.

Derreta a geleia com a água e reserve. Bata o creme de leite com o açúcar de confeiteiro e a água de rosas até começar a firmar. Disponha uma colherada sobre os bolinhos e decore com as metades de morango. Regue com a geleia derretida.

Variação: shortcake de cassis. Prepare a massa como na receita acima, mas acrescente ¼ de colher (chá) de mix de especiarias em pó (p. 20). Distribua em forminhas para empada ou minimuffin com capacidade para cerca de 50 ml. Asse como indicado acima. Vire sobre uma travessa, faça furos no centro dos bolinhos e regue um a um com 1 colher (chá) de licor de cassis, deixando penetrar bem. Bata 150 ml de creme de leite fresco com 2 colheres (sopa) de açúcar de confeiteiro peneirado. Disponha sobre os bolinhos. Decore com montinhos de cassis e finalize com um pouco de geleia da mesma fruta aquecida e passada por peneira.

docinho de aveia e banana

16 unidades
Preparo: **20 minutos**, mais o tempo para esfriar
Cozimento: **15 minutos**

- 100 g de **manteiga sem sal**
- 100 g de **melado claro**
- 25 g de **açúcar mascavo**
- 200 g de **aveia em flocos**
- 1 **banana** bem madura
- 1 colher (chá) de **suco de limão**
- 150 ml de **creme de leite fresco**
- **maple syrup**, para regar

Distribua 16 forminhas de silicone para minimuffin em uma assadeira.

Coloque a manteiga, o melado e o açúcar em uma panela em fogo brando. Assim que a manteiga derreter, adicione os flocos de aveia e misture. Distribua nas forminhas e pressione delicadamente com as costas de uma colher pequena umedecida.

Asse em forno preaquecido a 180°C por 12 minutos, ou até os bolinhos começarem a dourar nas bordas. Mantenha nas forminhas por 10 minutos e transfira para uma grade para esfriar.

Amasse a banana com o suco de limão e passe por uma peneira. Recolha o purê que ficar retido na parte de baixo da peneira. Junte o creme de leite e bata até começar a firmar.

Disponha o creme de banana sobre os bolinhos. Regue com um pouco de maple syrup antes de servir.

Variação: docinho de coco e gengibre. Prepare a massa como na receita acima, mas substitua 60 g da aveia pela mesma quantidade de coco ralado e acrescente um pedaço bem picado de gengibre em calda escorrido. Asse como indicado acima. Bata 150 ml de creme de leite fresco com 2 colheres (sopa) da calda do gengibre. Espalhe sobre os bolinhos e decore com raspas de coco.

bocadinho de baunilha

10 unidades
Preparo: **20 minutos**, mais o tempo para esfriar
Cozimento: **15 minutos**

75 g de **manteiga sem sal** amolecida (p. 13)
75 g de **açúcar**
75 g de **farinha de trigo com fermento** peneirada
1 **ovo**, mais 1 **gema**
1 colher (chá) de **essência de baunilha**
açúcar de confeiteiro, para polvilhar

Para o recheio
150 ml de **creme de leite fresco**
5 colheres (sopa) de **geleia de morango** ou **framboesa**

* **Creme de laranja**
Misture 6 colheres (sopa) de leite condensado e 3 colheres (sopa) de suco de laranja. Leve ao micro-ondas por 1 minuto, retire e mexa bem.

Bata a manteiga, o açúcar, a farinha, o ovo, a gema e a essência de baunilha, até formar uma massa leve e cremosa. Distribua em 10 cavidades de uma fôrma para minimuffin com 12 divisões.

Asse em forno preaquecido a 180°C por 15 minutos, até crescer e firmar. Mantenha na assadeira por 5 minutos e transfira para uma grade, para esfriar.

Corte os bolinhos ao meio no sentido horizontal. Bata o creme de leite até começar a ganhar consistência. Recheie os bolinhos com camadas de geleia e creme e cubra com a outra metade do bolinho. Sirva polvilhado com açúcar de confeiteiro.

Variação: bocadinho de gergelim preto e laranja. Prepare a massa como na receita acima, acrescentando 1 colher (chá) de gergelim preto e raspas de 1 laranja. Corte os bolinhos pela metade no sentido horizontal e use 5 colheres (sopa) de creme de laranja* para rechear. Misture 75 g de açúcar de confeiteiro peneirado com 2 colheres (chá) de suco de laranja ou o suficiente para formar uma camada grossa nas costas de uma colher. Regue cuidadosamente os bolinhos e sirva.

madeleine com limão

Cerca de **30** unidades
Preparo: **20 minutos**,
mais o tempo para assentar
Cozimento: **30 minutos**

125 g de **manteiga sem sal** derretida, mais um pouco para untar
125 g de **farinha de trigo com fermento**, mais um pouco para polvilhar
2 colheres (chá) de **bagas de cardamomo**
3 **ovos**
125 g de **açúcar**
raspas de 1 **limão-siciliano**
½ colher (chá) de **fermento em pó**

Para o glacê
2 colheres (sopa) de **suco de limão-siciliano**
75 g de **açúcar de confeiteiro** peneirado, mais um pouco para polvilhar

Unte uma fôrma para madeleine com manteiga derretida e polvilhe com farinha de trigo. Bata para eliminar o excesso de farinha.

Soque as bagas de cardamomo no pilão para liberar as sementes. Retire as cascas e amasse as sementes mais um pouco.

Leve o ovo, o açúcar, as raspas de limão e o cardamomo ao banho-maria e bata com um mixer até obter um creme claro e espesso, que escorra da colher em fio.

Peneire a farinha e o fermento sobre a mistura e mexa delicadamente. Pingue a manteiga derretida nas beiradas da massa e incorpore. Preencha três quartos da altura de cada cavidade da fôrma. Reserve o restante da massa para fazer uma segunda leva de madeleines.

Asse em forno preaquecido a 220°C por 10 minutos, ou até crescer e dourar. Mantenha na fôrma por 5 minutos e transfira para uma grade para esfriar.

Bata o suco de limão com o açúcar de confeiteiro, para o glacê. Pincele as madeleines e deixe assentar. Sirva levemente polvilhadas com açúcar de confeiteiro.

Variação: madeleine com cobertura de café. Dilua 1 colher (chá) de pó de café em 2 colheres (chá) de água quente e acrescente à massa antes da farinha e do fermento. Asse como indicado. Dissolva mais ½ colher (chá) de pó de café em 2 colheres (chá) de água quente e bata com 50 g de açúcar de confeiteiro peneirado, até formar um glacê liso. Pincele sobre as madeleines.

lamington

24 unidades
Preparo: **20 minutos**, mais uma noite para descansar e o tempo para assentar
Cozimento: **30 minutos**

125 g de **manteiga sem sal** amolecida (p. 13), mais um pouco para untar
125 g de **açúcar**
2 **ovos** ligeiramente batidos
250 g de **farinha de trigo com fermento** peneirada
uma pitada de **sal**
4 colheres (sopa) de **leite**
1 colher (chá) de **essência de baunilha**

Para a cobertura
400 g de **açúcar de confeiteiro**
100 g de **cacau em pó**
150-175 ml de **água** fervente
200 g de **coco ralado fresco**

Unte uma assadeira de 18 cm x 25 cm e forre a base com papel-manteiga.

Bata a manteiga com o açúcar até obter uma mistura clara e cremosa. Adicione o ovo aos poucos, sem parar de bater. Acrescente um pouco de farinha para não empelotar. Junte a farinha restante, o sal, o leite e a essência de baunilha. Distribua na fôrma e uniformize a superfície.

Asse em forno preaquecido a 190°C por 25-30 minutos, ou até crescer e firmar. Mantenha na assadeira por 5 minutos, solte as beiradas, transfira para uma grade e remova o papel-manteiga. Deixe descansar por uma noite e, então, corte em 24 quadrados.

Misture o açúcar de confeiteiro e o cacau em pó. Abra uma cova no meio e acrescente a água fervente, batendo até formar uma pasta lisa e consistente. Coloque o coco ralado em uma travessa. Usando dois garfos, passe cada quadrado pela calda de chocolate e, depois, pelo coco, cobrindo completamente. Reserve sobre papel-manteiga para assentar.

Variação: bolo de amêndoa com cereja. Prepare a massa como na receita acima, mas acrescente 100 g de cereja seca picada e 1 colher (chá) de essência de amêndoa. Depois de assar e esfriar, corte ao meio na horizontal e recheie com 6 colheres (sopa) de cereja em calda picada. Misture 200 g de açúcar de confeiteiro peneirado com 5-6 colheres (chá) de água, até o ponto de calda. Espalhe sobre o bolo e polvilhe amêndoa triturada torrada. Deixe assentar por 30 minutos e corte em 24 quadrados.

para as crianças

borboletinha

16 unidades
Preparo: **25 minutos**,
mais o tempo para esfriar
Cozimento: **12 minutos**

65 g de **manteiga sem sal** amolecida (p. 13)
65 g de **açúcar**
65 g de **farinha de trigo com fermento** peneirada
1 colher (chá) de **essência de baunilha**
1 **ovo**
açúcar de confeiteiro, para polvilhar

Para o creme de manteiga
75 g de **manteiga sem sal** amolecida
100 g de **açúcar de confeiteiro** peneirado
corante alimentício cor-de-rosa
1 colher (chá) de **água** quente

Distribua 16 forminhas de silicone para minimuffin em uma assadeira.

Bata a manteiga, o açúcar, a farinha, a essência de baunilha e o ovo, até formar uma massa leve e cremosa. Transfira para as forminhas.

Asse em forno preaquecido a 180°C por 10-12 minutos, até crescer e firmar. Deixe esfriar nas forminhas por 2 minutos e transfira para uma grade, para acabar de esfriar.

Prepare o creme de manteiga: bata juntos a manteiga e o açúcar de confeiteiro, até misturar bem. Adicione gotas de corante cor-de-rosa e a água e bata até obter um creme macio.

Use uma faquinha bem afiada para remover um círculo de massa no alto dos bolinhos. Corte cada círculo ao meio para formar as asas das borboletas. Coloque o creme de manteiga em um saco de confeitar com bico estrela pequeno e decore os bolinhos. Disponha as asas de borboleta sobre o creme e polvilhe açúcar de confeiteiro.

Para fazer cobertura de chocolate branco. Derreta 100 g de chocolate branco picado com 25 g de manteiga sem sal no micro-ondas até dissolver completamente. Retire do micro-ondas e incorpore 100 g de açúcar de confeiteiro peneirado. Use no lugar do creme de manteiga para decorar os bolinhos.

flor de baunilha

30 unidades
Preparo: **30 minutos**
Cozimento: **15 minutos**

200 g de **manteiga sem sal** amolecida (p. 13), mais um pouco para untar
gotas de **essência de baunilha**
50 g de **açúcar de confeiteiro**
175 g de **farinha de trigo**
50 g de **maisena**
confeitos, para decorar

Unte e forre duas assadeiras grandes com papel-manteiga.

Coloque a manteiga e a essência de baunilha em uma vasilha. Peneire por cima o açúcar de confeiteiro e bata. Acrescente a farinha e a maisena peneiradas, um pouco de cada vez, e misture.

Transfira a massa para um saco de confeitar com bico estrela. Distribua nas assadeiras, desenhando cerca de 30 florzinhas. Para fazer o acabamento, empurre o bico um pouco para baixo no centro de cada florzinha. Decore com um confeito e pressione para fixar.

Asse em forno preaquecido a 190°C por 10-15 minutos, até as florzinhas começarem a dourar. Mantenha por 2 minutos nas assadeiras e transfira para uma grade para esfriar.

Variação: sanduíche de chocolate. Prepare a massa como na receita acima e transfira para um saco de confeitar com bico estrela de 1 cm. Faça três linhas finas paralelas de massa, uma colada à outra, de modo que formem retângulos de 3 cm x 5 cm. Repita com o restante da massa, tomando cuidado para terminar com um número par de biscoitos. Asse como indicado. Derreta 75 g de chocolate ao leite (p. 14) e una os biscoitos, como se fossem um sanduíche.

surpresa colorida

16 unidades
Preparo: **15 minutos**, mais o tempo para esfriar
Cozimento: **12 minutos**

- 50 g de **manteiga sem sal**
- 2 colheres (sopa) de **melado claro**
- 100 g de **aveia em flocos**
- 40 g de **coco ralado fresco**
- 40 g de **cranberry seco** picado
- 50 g de **açúcar de confeiteiro** peneirado
- 1 ½ colheres (chá) **de água**
- **confeitos de chocolate coloridos**, para decorar

Distribua 16 forminhas de silicone para minimuffin em uma assadeira.

Leve a manteiga e o melado ao fogo brando até a manteiga derreter. Tire do fogo e adicione a aveia, o coco e o cranberry. Bata até misturar bem. Transfira a massa para as forminhas, pressionando levemente para baixo.

Asse em forno preaquecido a 190°C por 12 minutos, ou até começar a dourar nas bordas. Deixe esfriar nas forminhas.

Bata o açúcar de confeiteiro com a água e espalhe sobre os biscoitos. Decore com os confeitos, pressionando-os levemente sobre o glacê.

Para fazer glacê de iogurte. Forre uma peneira com quatro camadas de papel-toalha. Coloque 100 g de iogurte grego sobre o papel. Levante as beiradas do papel e esprema delicadamente para eliminar o soro, até formar uma bola de iogurte concentrado. Misture o iogurte com 125 g de açúcar de confeiteiro, até obter um glacê macio. Espalhe sobre os biscoitos no lugar do glacê comum e dos confeitos.

gatinhos e cachorrinhos

20 unidades
Preparo: **1 hora**,
mais o tempo para esfriar
Cozimento: **15 minutos**

manteiga, para untar
1 receita de **massa para biscoito sablé de chocolate***
farinha de trigo, para polvilhar
175 g de **pasta americana** (p. 96) **cor-de-rosa**
confeitos de bolinha dourados e prateados
50 g de **pasta americana** (p. 96) **marrom**
175 g de **pasta americana** (p. 96) **azul**
1 receita de **glacê real** (p. 15) com corante preto
175 g de **pasta americana** (p. 96) **sabor chocolate**

Para o creme de manteiga
75 g de **açúcar de confeiteiro**, mais um pouco para polvilhar
50 g de **manteiga sem sal** amolecida (p. 13)
1 colher (chá) de **água** quente

* Siga a receita da massa do Biscoitinho apaixonado (p. 76), mas substitua 25 g da farinha de trigo pela mesma quantidade de cacau em pó.

Unte uma assadeira grande com manteiga. Abra a massa de biscoito em uma superfície levemente enfarinhada e corte 20 discos de 8 cm. Distribua na assadeira, deixando espaço entre eles.

Asse em forno preaquecido a 180°C por 15 minutos, ou até começarem a dourar. Transfira para uma grade para esfriar.

Faça o creme de manteiga: bata o açúcar de confeiteiro, a manteiga e a água até obter um creme liso. Coloque em um saco de confeitar com bico simples pequeno.

Monte os gatinhos em uma superfície polvilhada com açúcar de confeiteiro. Corte 10 triângulos pequenos de pasta americana cor-de-rosa para fazer os focinhos e fixe-os com o creme de manteiga no centro de metade dos biscoitos. Faça as coleiras com tirinhas de 4 cm de pasta cor-de-rosa na base dos biscoitos e decore com os confeitos de bolinha. Corte orelhas pontudas de pasta marrom e fixe-as com o creme de manteiga. Use o saco de confeiteiro para completar o desenho da carinha com o creme. Cole olhos redondos feitos com a pasta marrom e gravatinhas com a azul. Com o glacê preto, trace riscos verticais no meio dos olhos.

Faça os cachorrinhos. Corte 10 bolinhas ou triângulos de pasta marrom para o nariz e fixe-os com o creme de manteiga. Use a pasta azul para as coleiras e decore com os confeitos de bolinha. Use o saco de confeitar para completar as carinhas e fixe as orelhas, cortadas da pasta sabor chocolate. Fixe as linguinhas cor-de-rosa e os olhos marrons.

varinha mágica

14 unidades
Preparo: **25 minutos**, mais o tempo para esfriar e assentar
Cozimento: **15 minutos**

200 g de **manteiga sem sal** amolecida (p. 13), mais um pouco para untar
50 g de **açúcar**
250 g de **farinha de trigo** peneirada
1 colher (chá) de **essência de baunilha**
algumas gotas de **corante alimentício amarelo** e **laranja**
150 g de **açúcar de confeiteiro** peneirado
confeitos de açúcar coloridos
confeitos de bolinha prateados

Unte duas assadeiras com manteiga. Bata a manteiga com o açúcar até formar uma pasta bem clara e cremosa. Sem parar de bater, acrescente a farinha e a essência de baunilha. Continue batendo até formar uma massa lisa.

Divida a massa ao meio. Pingue o corante amarelo em metade da massa e o laranja na outra. Transfira para dois sacos de confeitar grandes, ambos com bico simples de 1 cm. Faça cilindros finos nas assadeiras, cada um com 12 cm de comprimento, mantendo um pouco de distância entre um e outro.

Asse em forno preaquecido a 180°C por 15 minutos, ou até os biscoitos crescerem um pouco e começarem a dourar. Mantenha nas assadeiras por 5 minutos e transfira para uma grade para esfriar completamente.

Bata o açúcar de confeiteiro com água suficiente para dar consistência de moldar. Espalhe um pouco na ponta dos biscoitos e salpique um punhado de confeitos coloridos e bolinhas prateadas. Deixe por 1 hora em local fresco para assentar.

Variação: letrinhas. Prepare a massa como na receita acima, mas exclua os corantes. Coloque em um saco de confeitar com bico simples de 5 mm. Faça biscoitos em forma de letras com 5 cm de altura. Asse como indicado. Decore com glacê colorido e use para escrever em bolos, completando com balinhas ou confeitos.

bolinho de laranja e chocolate

16 unidades
Preparo: **20 minutos**, mais o tempo para esfriar e assentar
Cozimento: **15 minutos**

65 g de **manteiga sem sal** amolecida (p. 13)
65 g de **açúcar**
65 g de **farinha de trigo com fermento** peneirada
raspas finas de ½ **laranja**
1 **ovo**
6 colheres (sopa) de **geleia de laranja**
2 colheres (chá) de **água**
75 g de **chocolate ao leite**, cortado em pedaços

Distribua 16 forminhas de silicone para minimuffin em uma assadeira.

Bata a manteiga, o açúcar, a farinha, as raspas de laranja e o ovo até obter uma mistura leve e cremosa. Transfira para as forminhas.

Asse em forno preaquecido a 180°C por 10-12 minutos, até crescer e firmar. Mantenha nas forminhas por 2 minutos e transfira para uma grade, para acabar de esfriar.

Retire (e descarte) um pouco da massa do alto de cada bolinho, formando uma pequena cavidade. Aqueça a geleia com a água em fogo brando, até derreter. Deixe esfriar um pouco e recheie a cavidade aberta nos bolinhos. Espere assentar.

Derreta o chocolate (p. 14). Com uma colher, espalhe no alto dos bolinhos, deixando escorrer dos lados.

Variação: bolinho delicado de morango. Prepare a massa como na receita acima, mas substitua as raspas de laranja por ½ colher (chá) de essência de baunilha. Depois de assados, desenforme os bolinhos e corte-os ao meio no sentido horizontal. Recheie cada um com 1 colher (chá) de iogurte grego sabor morango e 1 fatia fina de morango. Cubra com a outra metade e polvilhe açúcar de confeiteiro.

centopeia colorida

11 unidades
Preparo: **45 minutos**,
mais o tempo para esfriar
Cozimento: **20 minutos**

150 g de **manteiga sem sal** amolecida (p. 13)
150 g de **açúcar**
175 g de **farinha de trigo com fermento** peneirada
3 **ovos**
1 colher (chá) de **essência de baunilha**
50 g de **chocolate ao leite** ralado
açúcar de confeiteiro, para polvilhar
100 g de **pasta americana** (p. 96) **cor-de-rosa** ou **vermelha**
50 g de **pasta americana** (p. 96) **sabor chocolate**
12 **confeitos coloridos de chocolate**

Para o creme de manteiga
75 g de **manteiga sem sal** amolecida
125 g de **açúcar de confeiteiro** peneirado

Distribua forminhas de papel em uma fôrma para muffin com 12 cavidades. Bata a manteiga com o açúcar, a farinha, o ovo e a essência de baunilha até obter um creme fofo. Distribua nas forminhas.

Asse em forno preaquecido a 180°C por 20 minutos, ou até os bolinhos crescerem e firmarem. Transfira para uma grade para esfriar.

Bata a manteiga com o açúcar, para fazer o creme. Desenforme um bolinho e corte uma fatia grossa do topo, na diagonal. Espalhe um pouco de creme de manteiga sobre outro bolinho, coloque a fatia cortada e espalhe o creme – esse bolinho será a "cabeça" da centopeia.

Distribua 4 colheres (sopa) de creme de manteiga sobre uma tábua retangular grande. Polvilhe com o chocolate ralado. Espalhe o restante do creme de manteiga sobre os bolinhos e faça uma fila com eles sobre o creme polvilhado com chocolate, montando uma centopeia.

Abra a pasta americana cor-de-rosa ou vermelha até ficar com espessura bem fina, sobre uma superfície polvilhada com açúcar de confeiteiro. Corte 9 discos de 5 cm e disponha um sobre cada bolinho, com exceção do primeiro e do último. Junte as aparas e corte um triângulo pontudo para fazer a cauda, na última unidade (veja na foto ao lado).

Faça o mesmo com a pasta sabor chocolate e corte um disco um pouco maior do que os anteriores, para fazer a carinha. Corte outros 10 discos de 2,5 cm e coloque-os sobre os outros. Faça os olhos e a boca da carinha com aparas restantes da pasta cor-de-rosa ou vermelha e finalize a decoração com os confeitos coloridos.

pirâmide de aniversário

18 unidades
Preparo: **25 minutos**,
mais o tempo para esfriar
Cozimento: **20 minutos**

175 g de **manteiga sem sal** amolecida (p. 13)
175 g de **açúcar**
3 **ovos**
200 g de **farinha de trigo com fermento**
1 colher (chá) de **fermento em pó**
raspas finas de 2 **limões-sicilianos**

Para o creme de manteiga
125 g de **manteiga sem sal** amolecida
200 g de **açúcar de confeiteiro** peneirado
algumas gotas de **corante alimentício cor-de-rosa** ou **azul** (opcional)

Para decorar
125 g de **balinhas**, como jujubas
confeitos (opcional)

Distribua 18 forminhas de papel em duas fôrmas para muffin com 12 cavidades cada. Bata a manteiga, o açúcar, o ovo, a farinha, o fermento e as raspas de limão por cerca de 1 minuto, até obter um creme leve. Distribua nas forminhas.

Asse em forno preaquecido a 180°C por 20 minutos, ou até crescer e firmar. Transfira para uma grade para esfriar.

Bata a manteiga com o açúcar, para fazer o creme. Ainda batendo, acrescente o corante, se for usar. Espalhe sobre os bolinhos e decore com balinhas e confeitos, se preferir.

Distribua alguns bolinhos em um prato para bolo e empilhe os demais, formando uma pequena pirâmide.

Variação: pirâmide de Natal. Prepare a massa como na receita acima, mas use forminhas de papel vermelhas, brancas ou prateadas, ou uma combinação delas. Bata 75 g de manteiga sem sal amolecida com 100 g de açúcar de confeiteiro peneirado, até obter um creme leve e fofo. Espalhe sobre os bolinhos. Abra 150 g de pasta americana branca (p. 96) em uma superfície polvilhada com açúcar de confeiteiro, até ficar com espessura bem fina. Corte círculos de 6 cm e arrume-os sobre os bolinhos. Junte as aparas da pasta americana e abra outra vez; faça o mesmo com 50 g de pasta vermelha. Corte estrelas de vários tamanhos nas duas cores e deixe firmar sobre papel-manteiga. Distribua as estrelas sobre a cobertura e faça uma pirâmide com os bolinhos. Enfeite com balinhas em forma de bengala e confeitos prateados, que podem ser fixados com pingos de glacê real.

crocante de chocolate

16 unidades
Preparo: **10 minutos,** mais o tempo para assentar
Cozimento: **2 minutos**

200 g de **chocolate ao leite** picado
150 g de **flocos de milho**
confeitos coloridos, para decorar

Distribua 16 forminhas de silicone para minimuffin em uma travessa.

Derreta o chocolate (p. 14). Esmague os flocos de milho até obter pedaços bem pequenos. Junte ao chocolate e misture bem, até cobrir os flocos com uma camada fina de chocolate.

Transfira a mistura para as forminhas com uma colher de chá e pressione bem para compactar. Decore com os confeitos coloridos. Leve à geladeira por cerca de 1 hora para assentar.

Variação: chocolate com marshmallow e cereja. Derreta 150 g de chocolate ao leite com 25 g de manteiga sem sal. Mexa continuamente até formar um creme liso. Corte com uma tesoura 25 g de marshmallow, em pedacinhos bem pequenos, e esmigalhe 25 g de biscoitos amanteigados. Junte ao chocolate. Pique 8 cerejas em calda e acrescente. Misture muito bem, até cobrir tudo com uma camada fina de chocolate. Distribua em 16 forminhas de silicone para minimuffin e espalhe raspas de chocolate branco por cima. Leve à geladeira por cerca de 1 hora para assentar.

carinha feliz

8 unidades
Preparo: **40 minutos**, mais o tempo para gelar e esfriar
Cozimento: **15 minutos**

200 g de **manteiga sem sal**, gelada e cortada em cubinhos, mais um pouco para untar
275 g de **farinha de trigo**, mais um pouco para polvilhar
100 g de **açúcar de confeiteiro** peneirado
2 **gemas**
2 colheres (chá) de **essência de baunilha**
4 colheres (sopa) de **geleia de morango** ou de **framboesa**, para rechear

Para o recheio
125 g de **açúcar de confeiteiro**
75 g de **manteiga sem sal** amolecida (p. 13)
1 colher (chá) de **água** quente

Bata a manteiga e a farinha no processador até obter uma farofa. Acrescente o açúcar, as gemas e a essência de baunilha e continue batendo até a massa ficar lisa. Envolva em filme de PVC e refrigere por pelo menos 1 hora.

Abra a massa sobre uma superfície levemente enfarinhada. Corte 16 discos de 6 cm. Transfira para as assadeiras, deixando espaço entre eles.

Faça olhinhos em metade dos discos cortando círculos de 1 cm de diâmetro; use um cortador próprio ou o bico simples de confeitar. Com a ponta de uma faquinha, corte sorrisos bem grandes.

Asse em forno preaquecido a 180°C por 15 minutos, ou até dourar levemente. Transfira para uma grade para esfriar.

Bata o açúcar de confeiteiro, a manteiga e a água quente para o creme. Espalhe sobre os biscoitos não recortados e, por cima, a geleia. Cubra delicadamente com as carinhas, formando 8 biscoitos recheados.

Variação: corações com doce de leite. Prepare a massa como na receita acima, mas substitua 3 colheres (sopa) da farinha de trigo pela mesma quantidade de cacau em pó. Com um cortador apropriado, corte corações e asse como indicado. Depois de esfriar, recheie os biscoitos com doce de leite comprado pronto. Derreta 50 g de chocolate branco e transfira para um saco de confeitar. Com o bico simples de confeitar, desenhe uma linha de chocolate acompanhando o contorno dos corações.

dinossauro

20 unidades
Preparo: **1 hora**,
mais o tempo para esfriar
Cozimento: **15 minutos**

200 g de **manteiga sem sal**, gelada e cortada em cubinhos, mais um pouco para untar
275 g de **farinha de trigo**, mais um pouco para polvilhar
100 g de **açúcar de confeiteiro**
2 **gemas**
2 colheres (chá) de **essência de baunilha**
300 g de **pasta americana** (p. 96) **verde**
125 g de **pasta americana** (p. 96) **amarela**
70 g de **pastilhas de chocolate branco** ou **ao leite** com confeitos coloridos
25 g de pasta americana (p. 96) **marrom**

Para o creme de manteiga
125 g de **açúcar de confeiteiro** peneirado
75 g de **manteiga sem sal** amolecida (p. 13)
1 colher (chá) de **água** quente

Unte duas assadeiras com manteiga. Bata a manteiga e a farinha no processador até obter uma farofa. Adicione o açúcar, as gemas e a essência de baunilha e bata até formar uma massa lisa. Envolva em filme de PVC e refrigere por pelo menos 1 hora.

Abra a massa sobre uma superfície levemente enfarinhada. Corte 20 discos de 10 cm e corte-os ao meio. Disponha nas assadeiras e asse em forno preaquecido a 180°C por 15 minutos, ou até dourarem levemente. Transfira para uma grade para esfriar.

Estenda a pasta americana verde sobre uma superfície polvilhada com açúcar de confeiteiro. Corte a pasta amarela em pedacinhos e espalhe sobre a verde. Enrole as duas em um cilindro largo. Dobre-o ao meio e abra outra vez. Repita até misturar as cores. Bata o açúcar de confeiteiro com a manteiga e a água quente até obter um creme. Coloque em um saco de confeitar com bico simples estreito. Abra a pasta verde até ficar com espessura bem fina. Coloque um biscoito em cima e corte a pasta ao redor dele. Molde o rabo e fixe no pedaço recortado.

Espalhe o creme de manteiga com o saco de confeitar sobre os biscoitos e cubra com os pedaços de pasta recortada. Junte as aparas da pasta verde, abra e corte as cabeças, prendendo-as com o creme de manteiga. Corte e cole orelhas e patas. Corte as pastilhas de chocolate em triângulos de vários tamanhos e posicione-os no dorso dos dinossauros, usando o creme para fixá-los e reduzindo gradativamente o tamanho deles em direção à cauda. Faça os olhos e as garras com o creme de manteiga. Finalize os olhos com as pupilas, feitas com pasta marrom.

coruja esperta

18 unidades
Preparo: **1h15**, mais o tempo para esfriar e assentar
Cozimento: **15 minutos**

manteiga, para untar
1 receita de **massa para biscoito de baunilha** (p. 230) gelada
farinha de trigo, para polvilhar
1 colher (sopa) de **clara de ovo** ligeiramente batida
2 colheres (chá) de **cacau em pó**
1 colher (chá) de **água**
150 g de **açúcar de confeiteiro** peneirado
50 g (cada) de **pasta americana** (p. 96) **branca**, **azul** e **amarela**

Abra a massa de biscoito sobre uma superfície levemente enfarinhada. Copie a figura de coruja ao lado em um papel para fazer o molde; coloque sobre a massa e corte em volta com uma faquinha. Recorte 18 biscoitos e distribua-os nas assadeiras, mantendo distância entre um e outro.

Misture a clara, o cacau em pó e a água e bata até formar uma pasta lisa e rala. Aplique com um pincel, colorindo as asas, o alto da cabeça e o bico das corujinhas (veja ao lado). Asse em forno preaquecido a 180°C por 15 minutos, ou até começar a dourar. Transfira para uma grade para esfriar.

Bata o açúcar de confeiteiro com água suficiente para obter um glacê consistente. Coloque em um saco de confeitar com bico pequeno simples. Use a pasta americana branca para fazer os olhos e prenda-os às corujinhas com um pouco do glacê. Com a pasta azul, molde as pupilas e fixe-as com o glacê. Corte as patinhas de pasta amarela e fixe. Use o glacê restante para desenhar penas nas asas e no peito das corujinhas. Reserve em lugar fresco por cerca de 1 hora para assentar.

Variação: fantasminha. Abra a massa como na receita acima e corte fantasminhas com um molde apropriado ou à mão. Asse como indicado e espere esfriar. Misture 200 g de açúcar de confeiteiro peneirado com água suficiente para obter um glacê para ser espalhado, mas que mantenha a forma depois de secar. Com uma espátula, cubra os biscoitos. Deixe firmar por 2 horas. Desenhe olhos e bocas sorridentes com glacê colorido com corante preto, em um saco de confeitar.

janela, janelinha

10 unidades
Preparo: **10 minutos**,
mais o tempo para esfriar
Cozimento: **20 minutos**

1 receita de **massa para biscoito de baunilha** (p. 230) gelada
farinha de trigo, para polvilhar
175 g de **balinhas duras coloridas**, ligeiramente esmigalhadas
1 receita de **glacê real** (p. 15)
10 **tronquinhos** de chocolate
12 **confeitos de chocolate** coloridos
açúcar cristal colorido, para decorar

Forre duas assadeiras com papel-manteiga. Abra a massa de biscoito sobre uma superfície levemente enfarinhada. Corte retângulos de 8 cm x 10 cm e transfira para as assadeiras.

Recorte quatro quadrados em cada retângulo, imitando uma janela. Junte as aparas de massa e corte mais janelas. Disponha as molduras nas assadeiras e coloque um pedaço de balinha colorida no espaço de cada quadrado recortado.

Asse em forno preaquecido a 180°C por 12 minutos, ou até a massa começar a dourar e as balinhas derreterem e se espalharem pelos espaços quadrados. Se necessário, estique-as até os cantos com um palito. Deixe esfriar nas assadeiras.

Coloque o glacê real em um saco de confeitar com bico fino. Distribua um pouco da mistura na parte posterior dos tronquinhos de chocolate e fixe-os à base dos biscoitos. Firme bem, para que o biscoito fique em pé.

Desenhe pétalas de flores e raminhos de trepadeiras nas janelas, usando o restante do glacê. Antes de secar completamente, decore com os confeitos e o açúcar cristal.

Reserve para secar e remova o papel com cuidado.

índice

créditos

Editora executiva: Eleanor Maxfield
Editora: Joanne Wilson
Designer: Karen Sawyer
Fotógrafo: Will Heap
Consultora culinária: Joanna Farrow
Produção de objetos: Rachel Jukes
Controler sênior de produção: Lucy Carter

Fotografia especial: © Octopus Publishing Group Limited/Will Heap
Outras fotos: Octopus Publishing Group 16, 160; / Stephen Conroy 6, 14, 61, 121, 125, 159, 167; / Vanessa Davies 213; /Will Heap 4, 126, 137, 149; / William Lingwood 155; /David Munns 12 direita, 33, 63, 223, 225; /Emma Neish 53, 113; /Lis Parsons 79, 87, 89, 91, 93, 95, 97, 217, 219, 229, 231, 233, 235; / William Shaw 43, 75, 83, 105, 135, 143, 145, 171, 173; /Ian Wallace 12 esquerda, 71, 207.